民法改正と不動産取引

Amendment to the Civil Code & Real estate transaction

吉田修平法律事務所
吉田修平 ［著］

一般社団法人 金融財政事情研究会

本書の利用の仕方について

　このたび、民法（債権法）が約120年ぶりに大改正されました。本書は、この改正が賃貸借や売買などの不動産取引にどのような影響を与えるのか、どのような点に注意したらよいのかを、現に不動産取引を行う方々に対してわかりやすく解説することを目的としています。たとえば、賃貸用のマンションやオフィス・店舗などについては、賃貸人であるビルオーナーのほかに、管理会社の方や賃貸借契約の締結（仲介）に携わる宅建業の方がいます。もちろん、テナントとして入居している方たちもいます。また、自宅や収益不動産を売る方もいれば、買う方もいますし、その売買を仲介する宅建業の方もいます。

　そこで、本書では、上記のような必ずしも法律（民法）の規定に詳しくないと思われる一般の方々に、今回の民法改正の内容をしっかり理解していただき、今後の不動産に関する取引実務等に役立てていただきたいという目的のもとに、新たな制度や条文等のわかりやすい解説を試みています。

　執筆にあたり、特に注意をしたのは以下の諸点です。

① 　民法の条文の順番にとらわれることなく、賃貸借から解説しています。筆者は、過去に定期借家権の立法や終身借家権の立法をお手伝いした経験があり、不動産の賃貸借関係を最も得意分野としていることもありますが、民法改正に関するセミナー・講演会などで、特に賃貸借に関するご質問が多かったことに配慮しています。

② 　また、今後は契約書における特約が非常に重要度を増しますので、賃貸借契約と売買契約に関する特約について標準的な契約書の雛型に従って、その具体例を紹介しています。

③　内容的には、賃貸借と売買およびそれに関連する若干の部分を記載するにとどめ、不動産実務と関連性の薄い部分は大胆にカットしています。

④　「保証」については、賃貸借契約の保証人となることが多いので、賃貸借の部分で解説しています。

⑤　他方、改正条文等も末尾に掲載していますが、新旧対照表ではなく、旧新対照表としました。新旧対照表とすると、改正法を知らない人にとっては、どこの条文を探せば良いのかわからないと思います。しかし、旧新対照表とすることにより、現行民法から容易に改正法を調べることができるように工夫したつもりです。

⑥　旧新対照表には、簡単な解説と関連条文もつけてありますので、本文を見なくとも、これを見るだけである程度の理解が可能となるようにしてあります。

⑦　改正法の条文にはまったく新しく規定されたものか（新設）、それとも従来の規定を修正したにすぎないものか（修正）などの区別をつけていますので、どこが変わったのか（または変わっていないのか）が一目でわかるようにしました。

⑧　さらに、法律の規定や制度の基本が十分に理解できるようにするためのコラム（たとえば、「賃借権の物権化」）と、今回の改正に伴い従来の制度にどのような影響を与えるのか俯瞰的に見たコラム（たとえば、「民法改正と定期借家権」）をいくつか設けていますので、この機会に是非とも読んでいただき、参考にしてください。

⑨　全体を通して、民法（債権法）の改正後も、本書が1冊あれば、ほかのものを参照しなくとも、本書だけで不動産の取引（賃貸借・売買）を行うのに十分な理解を得られるようにしたつもりです。

　　本書が不動産実務にかかわる多くの方々のお役に立てることを心か

ら願っております。

　最後に、本書を執筆するにあたって、企画の段階から数々の有意義な助言等をいただき、本書の作成に多大な貢献をしていただいた株式会社きんざい出版部の田島正一郎氏に、この場を借りて厚く御礼を申し上げます。

　平成29年 9 月18日

弁護士　吉田　修平

発刊にあたり

　民法（債権法）改正案が平成27年3月に国会に上程され、数度の継続審議を経て、平成29年5月26日に成立、6月2日に公布されました。この改正は、明治29年に旧民法が制定されて以来、120年ぶりの大改正となります。

　この改正では、債権に関する規定が全面的に見直され、売買契約、賃貸借契約、委任契約、請負契約等の典型契約や、保証契約等のほか、損賠賠償請求や解除行使の要件など、わが国の取引実務に及ぼす影響は大変大きいと思われます。

　しかしながら、われわれにとって身近で、かつ重要である今回の民法大改正ですが、非常に条文数が多いうえ、内容も多岐にわたり、全容を理解するのが困難であるというご指摘もございます。

　そうしたなか、この度、不動産実務に造詣の深い吉田修平先生が、法律の専門家でないわれわれ不動産事業者向けに、不動産取引に影響を与える改正点に特化し、随所に工夫を施しながら、わかりやすく解説した書籍をご執筆いただいたことは、不動産業界にとっても大変喜ばしく、感謝申し上げる次第です。

　読者諸氏におかれましては、本書を最大限ご活用いただき、安全安心な取引に遺漏なきを期していただくための座右の書としていただくことを祈念申し上げます。

（公社）全国宅地建物取引業協会連合会

会長　伊　藤　　博

推薦の言葉

　吉田修平先生は、定期借家権の議員立法に携わったり、不動産登記法の改正に伴う「中間省略登記の代替手段」の確立に尽力されました。また、不動産の賃貸借関係を最も得意としている先生が、このたびの120年ぶりの民法の大改正にあわせて執筆したのが、本書です。

　今回の民法改正は、債権に関する部分の見直しであり、時効期間の改正、個人保証の厳格化、敷金の定義や取扱いの明確化のほか、約款に関する規定が新設され、相手方の利益を一方的に害する条項は無効になるなど、約200項目に及ぶ改正がなされており、多くの事業者にとって影響を及ぼす可能性があります。

　特にわれわれ不動産業者にとっては、不動産売買契約に関しての売主の担保責任や賃貸借契約に関しての賃貸借の存続期間や不動産の賃貸人たる地位の移転等について、実務上の影響が大きいものと思われます。

　今回の改正の内容をしっかり理解していないと、不動産取引が行えなくなるといっても過言ではありません。改正部分でも不動産関係に絞った本書は、不動産業者にとって必須であり、ほかの解説書と比べてもわかりやすく、法律が苦手という人でも理解しやすい内容です。また、これから不動産業を始めようとする人、宅地建物取引士の資格を取得しようとしている人にもお勧めの１冊です。

　最後に、全日本不動産協会の研修事業、『全日ステップアップトレーニング』の講師を務めていただいている先生に、感謝を申し上げ、私自身も先生とは、都市的土地利用研究会、首都圏定期借地借家推進機構で学ばさせていただいた１人として、ご推薦申し上げます。

（公社）全日本不動産協会

理事長　原嶋　和利

目　次

序　章　今回の民法改正の方向について　　1

第1章　賃貸借関係　　5

1　賃貸借の存続期間　　6

　ア　現行民法　　6

　イ　改　正　法　　6

　　コラム　物権と債権　　7

2　賃貸人の地位の移転（新設）　　9

　ア　現行民法　　9

　イ　改　正　法　　12

　　コラム　賃借権の物権化　　14

3　賃借人による妨害排除請求（新設）　　18

　ア　現行民法　　18

　イ　改　正　法　　18

4　賃借人の修繕権（新設）　　19

　ア　現行民法　　19

　イ　改　正　法　　20

　ウ　実務上の注意点　　21

　　コラム　原則と例外　　24

5　賃貸物件の一部を利用できなくなった場合　　27

　ア　現行民法　　27

　イ　改　正　法　　27

6 賃借物の全部滅失による賃貸借契約の終了（新設） ……… 31

　　ア　現行民法 ……………………………………………………… 31

　　イ　改 正 法 ……………………………………………………… 31

7 原状回復（新設） ………………………………………………… 32

　　ア　現行民法 ……………………………………………………… 32

　　イ　改 正 法 ……………………………………………………… 32

　　ウ　実務上の注意点 ……………………………………………… 34

8 敷金（新設） ……………………………………………………… 36

　　ア　現行民法 ……………………………………………………… 36

　　イ　改 正 法 ……………………………………………………… 36

9 保証の極度額（新設） …………………………………………… 40

　　ア　現行民法 ……………………………………………………… 40

　　イ　改 正 法 ……………………………………………………… 40

　　ウ　実務上の注意点 ……………………………………………… 42

10 保証人の負担と主たる債務の目的または態様（新設） ……… 43

　　ア　現行民法 ……………………………………………………… 43

　　イ　改 正 法 ……………………………………………………… 43

　　ウ　実務上の注意点 ……………………………………………… 44

　　　コラム　不動産賃貸借と契約書の作成 …………………………… 44

　　　コラム　民法改正と定期借家権 …………………………………… 48

第2章　売買関係 ……………………………………………………… 51

1　瑕疵担保責任 …………………………………………………… 52

1 総　　説 ……………………………………………………… 52

　　ア　現行民法 ……………………………………………………… 52

目　次　7

イ　改　正　法 ……………………………………………………………… 53

　　　コラム　特定物ドグマ …………………………………………………… 54

2　買主の追完請求権（新設） ………………………………………………… 57

ア　現行民法 ……………………………………………………………… 57

イ　改　正　法 ……………………………………………………………… 57

3　買主の代金減額請求権（新設） …………………………………………… 60

ア　現行民法 ……………………………………………………………… 60

イ　改　正　法 ……………………………………………………………… 60

ウ　実務上の注意点 ……………………………………………………… 61

4　損害賠償の請求および契約の解除（新設） ……………………………… 63

ア　現行民法 ……………………………………………………………… 63

イ　改　正　法 ……………………………………………………………… 63

5　移転した権利が契約不適合の場合の売主の責任等（新設） …………… 64

ア　現行民法 ……………………………………………………………… 64

イ　改　正　法 ……………………………………………………………… 64

6　買主の権利の期間の制限（新設） ………………………………………… 65

ア　現行民法 ……………………………………………………………… 65

イ　改　正　法 ……………………………………………………………… 65

7　目的物の滅失等に関する危険の移転（新設） …………………………… 67

ア　現行民法 ……………………………………………………………… 67

イ　改　正　法 ……………………………………………………………… 67

8　競売における担保責任等 …………………………………………………… 69

ア　現行民法 ……………………………………………………………… 69

イ　改　正　法 ……………………………………………………………… 69

2　危険負担 ……………………………………………………………………… 71

ア　現行民法 ……………………………………………………………… 71

イ　改正法 ……………………………………………………… 72

　　コラム　危険負担の債権者主義と債務者主義 ……………… 73

3　その他 …………………………………………………………… 77

1　履行不能の場合の債務不履行責任等について（新設）……… 77

　ア　現行民法 ……………………………………………………… 77

　イ　改正法 ………………………………………………………… 77

2　債務不履行による損害賠償 …………………………………… 80

　ア　現行民法 ……………………………………………………… 80

　イ　改正法 ………………………………………………………… 80

3　法定利率 ………………………………………………………… 82

　ア　現行民法 ……………………………………………………… 82

　イ　改正法 ………………………………………………………… 82

　ウ　実務上の注意点 ……………………………………………… 83

4　催告による契約の解除 ………………………………………… 84

　ア　現行民法 ……………………………………………………… 84

　イ　改正法 ………………………………………………………… 84

5　催告によらない契約の解除 …………………………………… 86

　ア　現行民法 ……………………………………………………… 86

　イ　改正法 ………………………………………………………… 86

4　買戻し …………………………………………………………… 89

　ア　現行民法 ……………………………………………………… 89

　イ　改正法 ………………………………………………………… 89

　ウ　実務上の注意点 ……………………………………………… 90

参考資料 ·· 91

- ●賃貸住宅標準契約書（国土交通省）についての解説 ···················· 92
- ●賃貸住宅標準契約書（改訂版）································· 95
- ●売買契約の特約についての解説 ······························· 113
- ●旧新民法対照4段表 ····································· 126

参考文献 ·· 172

序　章

今回の民法改正の方向について

1　シビル・ロー（大陸法）からコモン・ロー（英米法）へ

　シビル・ローというのは、フランスやドイツなどを中心にしてつくられている法律の体系のことをいいます。別名、大陸法といいます。コモン・ローとは、アメリカやイギリスを中心にしてつくられている法律の体系のことをいい、別名、英米法といいます。

　両者の違いを簡単に説明すると、大陸法は先に概念と法律の条文があります。「法律上、何々をしてはいけない」とか、「何々をしてはならない」という概念があり、これを条文化しているわけです。そして、条文に従って社会に起きてきた現象（事実）を判断していきます。つまり、条文を事実に当てはめていく作業をするわけです。社会で起きている事実が条文に反しているのか、反していないのか、を評価・判断する作業をしていくことになります。

　わが国の民法は、120年前にできましたが、もともと、フランスの民法学者であるボワソナードが原案をつくり、それを東京帝国大学の先生方が修正を行い、現在の民法のかたちにしていきました。現在の民法は、フランス民法だけでなくドイツ民法も参考にしたといわれていますが、いずれもローマ法を元にするものであり、大陸法としての特徴を備えているものです。すなわち、先に規範としての概念（条文）があり、それを社会の現象（事実）に対して当てはめていく作業を行っていくものです。

　これに対して、コモン・ローはアメリカやイギリスなどで行われて

1

いる考え方であり、英米法ともいいますが、先に、事実に対する評価・判断が行われます。具体的には、裁判所でこのような現象（事実）はしていいことか、いけないことかの判断がなされ判決が下されます。それを判例といいますが、その判例がそれ自体として規範（ルール）とされていくことになるわけです。別名、判例法主義ともいい、すべてが判例だけで処理されるわけではないのですが、ただ、考え方として、先に社会の現象（事実）についての判断が行われており、その判断が集積されていくという思考過程をとるということです。

いわば、大陸法は物事を演繹的に考えていくものであり、英米法は帰納的に物事を考えていくものであるということになると思います。

今回の、民法改正は、コモン・ロー（英米法）の考え方の方向に大きく舵を切ったものと評価されています。その理由は、世界においては英米法の考え方が主流になっているからです。つまり、戦後、すでに70年あまりが経過しましたが、その間、世界の秩序をつくってきたのは唯一の超大国であるアメリカであり、同時に、アメリカの法律関係についての母国であるイギリスだったわけです。そのように、経済的に世界をリードしている国の法律の考え方が世界を支配しているということもまた、当然だと思います（ただし、最近は、イギリスがEUから離脱したり、アメリカもトランプ大統領が出てくることにより、孤立主義をとるような傾向が見えていますので、いままでの流れと微妙に変わってくる可能性がなくもないのですが）。

2 原始的に不能な契約を締結した場合について

このような、シビル・ローとコモン・ローの考え方の違いが典型的に現れるものとして、たとえば、原始的に不能な契約を締結した場合のことを考えてみましょう。具体的には、AとBとの間で、売買契約

を締結したが、すでに、その建物は契約締結前に火事で焼失してしまっていた場合です。

シビル・ロー（大陸法）の考え方によれば、存在しないものについて契約をしても意味がありませんので、この契約は無効ということになります。無効ですが、そのような無効である契約が存在しているものと信じて、つまり、建物が存在しているものと考えて買うつもりになっていろいろな作業をしてしまった買主Bは、それによってさまざまな費用を支出しているかもしれません。たとえば、登記を移転するために司法書士を頼んで、そのための準備を行っていた場合などは司法書士に対する費用が発生します。シビル・ローでは、このような費用を、特別に売主Aに賠償させることになります。これを、「信頼利益の賠償」といいます。現行民法は、このような考え方をとるのです。

これに対し、コモン・ロー（英米法）では、このような契約であっても無効ではないということになります。すなわち契約は有効です。AとBが売買契約をするといった以上は、その契約は生きている、したがって、売主Aは原則として売買契約上の責任を負わなければならない。もちろん、建物がなくなっているのですから、建物を買主Bに引き渡すことができないのであれば、建物を引き渡すのと同様の利益を買主Bに渡さなければならない、すなわち、「履行利益（本来の契約が遂行された場合と同様の利益）」を買主Bに補償しなければならないということになるのです。ただ、契約のなかで、「Aに○○の事情がある場合には、免責される」という定めがあれば、その定めに従って免責されるということになります。アメリカでは、契約書が分厚くなるという話をよく聞きますが、それはこのような法体系にあるために、契約における免責の条件等を細々と規定しているからです。

序章　今回の民法改正の方向について　3

わが国の民法も、このたび改正をされて、そのような方向に行くのですから、今後、契約の中身は非常に重要になります。契約書の記載も、細かく精密になっていくでしょう。さらに、特別の約束（特約）の重要性も今よりも格段に大きくなると思います。

今回の民法改正により、債務不履行になるのかならないのかは、契約の内容に照らして適合性があるかないか、というところから判断されることになっていきますし、債務の履行が不能か否かについても債務の発生原因と、取引の社会通念で判断されることとなりましたが、それらも、このような流れから見れば非常にわかりやすくなると思います。なお、以上は、「債務不履行」や「売買」についての考え方の変更についての説明です。

3 賃貸借関係の改正について

これに対し、「賃貸借」関係についての改正は、「敷金」や「原状回復」や「賃貸人の地位の移転」の規定（「賃貸人の地位の留保」の場合を除く）など、過去の判例法理によって形成されてきたわが国特有の考え方を明文化して整理したものが多いといえると思います。

もちろん、賃貸借関係についても、今後は特約が非常に重要になるなど、上記と同じような影響もあるのですが、考え方の方向性は売買とは異なるものがあると思われます。

このように、今回の民法改正には、2つの大きな流れがあることも理解していただくとよいと思います。

第 1 章

賃貸借関係

1 賃貸借の存続期間

ア　現行民法

　現行民法604条は「賃貸借の存続期間は、20年を超えることができない。契約でこれより長い期間を定めたときであっても、その期間は、20年とする」としており、賃貸借の期間の上限が20年ということになっています。

イ　改正法（現行民法の内容を変更したものです）

> **改正法第604条**　賃貸借の存続期間は、50年を超えることができない。契約でこれより長い期間を定めたときであっても、その期間は、50年とする。
>
> 　2　賃貸借の存続期間は、更新することができる。ただし、その期間は、更新の時から50年を超えることができない。

　このたびの改正により、賃貸借の期間の上限が50年に伸長されます。

　「えーっ。初めて聞いた。民法で賃貸借の期間は決まっていて、20年を超えて借りることはできなかったのか」と思ったりしませんか。

　借地借家法の適用を受ける土地や建物の賃貸借には期間の上限はありません。

　たとえば、土地についての普通借地権（建物を所有する目的で行われる土地の賃貸借契約）では、存続期間は原則として30年で、それより

長い期間を定めたときはその期間とされます（借地借家法3条）。また、一般定期借地権の存続期間は50年以上です（同法22条）。その理由は、特別法としての借地借家法により民法の原則に対する例外として、普通借地権と定期借地権が定められているからです。しかし、本を正すと日本の民法では賃貸借は20年を超えることができなかったのです。

　では、なぜ賃貸借の期間は20年を超えてはならなかったのでしょう。

　民法が制定された当時は、地上権や永小作権等の物権の存続期間を50年としていること（民法268条・278条）に対して、賃貸借が所有権に対する大きな制約となることを避けるために、債権である賃借権は20年を超えることができないものとされたのです。（コラム「物権と債権」参照）。

　このたびの改正では、借地借家法の適用を受けない場合につき、民法においても、現代社会のニーズにあわせて賃貸借期間の上限を20年から50年に伸長したのです。たとえば、ソーラーパネルを設置するために土地の賃貸借を行うような場合です。

コラム　物権と債権

　わが国の民法を勉強するときは、よく「物権と債権の違い」ということがいわれます。

　物権とは、所有権や抵当権などのことで、「人の物に対する権利」といわれますが、人が物を直接かつ排他的に支配することを内容とする、とても強い権利です。したがって、法律で物権の内容等は厳格に決まっており、契約などによって自由につくりだすことはできません

第1章　賃貸借関係　7

（物権法定主義）。

　これに対し、債権とは、「人の人に対する権利」といわれるもので、自分や相手方の給付（何かをするとか、しないとかのことです）を内容とする権利です。人と人との間で契約することにより、自由に給付の内容を定めることができます（契約自由の原則）。たとえば、AB間でお金の貸し借りをすると（これを金銭消費貸借といいます）、AはBに金100万円を、期限は年内いっぱい、利息は5％の約束で貸します。Bは、年内に5％の利息をつけて、100万円を返すことになります。この場合は、AB間には債権関係だけが成立し、物権関係は成立しません。

　それでは、AがBに物を売った場合はどうでしょう。AB間には、①まず、AがBに対して、ある物を金100万円で売り、Bはその物を100万円で買い、来月の終わりまでに、Aに対し代金を支払う関係が成立します（債権関係）。②そして、この場合は、その物の所有権もAからBに移転することになります（物権関係）。

　ところで、賃貸借についてですが、賃貸借契約により生ずる関係は、本来、債権関係しか生じないのですが、不動産（土地・建物）の賃貸借については、借地借家法により、賃借人が強く保護されており、その結果、債権にすぎない賃借権が、その不動産に対する権利（物権）のような力をもつに至っているといわれています（コラム「賃借権の物権化」参照）。

2 賃貸人の地位の移転（新設）

ア 現行民法

① 現行民法には、特に規定はありませんが、以下のような判例法理が形成されていました。
② 対抗要件を備えた賃借人（B）は、その不動産が譲渡された場合に、譲受人（C）に対して賃借権を主張（対抗）できます。

その結果、不動産の賃貸人の地位も、譲渡人（A）から譲受人（C）に当然承継されます（大判大正10年5月30日）。

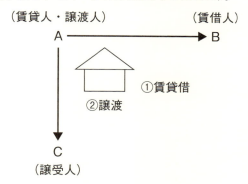

③ 上記のような賃貸人の地位の移転（当然承継）を、譲受人（C）が賃借人（B）に対抗（主張）するためには、譲渡人（A）から譲受人（C）に対して所有権移転登記をする必要があります（最判昭和49年3月19日）。

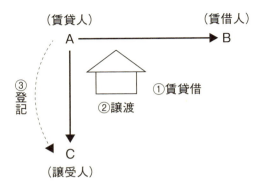

④ 「賃貸人の地位」が、譲受人（Ｃ）に移転したときは、賃貸人（Ａ）の敷金返還債務等も譲受人に承継されます（敷金につき、最判昭和44年７月17日。必要費・有益費の費用償還債務につき、最判昭和46年２月19日）。

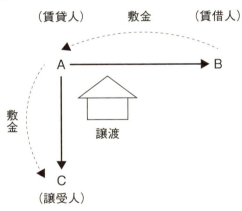

⑤ 「賃貸人の地位」を譲渡人（Ａ）に留保しつつ、不動産の所有権を譲受人（Ｃ）に移転する場合、ＡとＣの合意だけでは留保できません。賃借人（Ｂ）の同意が必要とされています（最判平成11年３月25日）。その理由は、以下のとおりです。

たとえば、AがCに対して信託を設定し、建物を譲渡（信託的譲渡）した場合に、Cは受託者となりますが、信託銀行などであるために賃貸人としての修繕義務等は負いたくありません。

そこで、Aが修繕義務等を負うことにします。すなわち、Aは、賃貸人としてあり続けることとします。そのために、Cは、Aに建物を賃貸します。その結果として、「賃貸人の地位」はAに留保されることとするのです。

しかし、賃借人（B）にはリスクが生じます。すなわち、Bは、所有権のないAからの転借人の地位に立つことになります。CA間の賃貸借で、Aが賃料不払い等の債務不履行を行うと、Cから契約を解除されることになります。するとAはCから明渡請求を受けることとなり、その結果、AB間の賃貸借も履行不能となるため、Bは賃借権を失うことになり、Cから明渡請求を受けることになるのです。

したがって、B（賃借人）の同意を要することとされたのです（上記最判平成11年3月25日）。

しかし、このように賃借人Bの同意を得ることは、たとえば、目的物件が1棟のオフィスビルで賃借人Bが多数いる場合には非常に煩わしく、Bが同意しないためにスキームが成り立たなくなるおそれがあります。

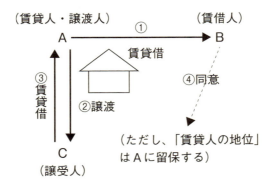

イ　**改正法**（新たな考え方が加わった規定です）

> **改正法第605条の2**　前条、借地借家法（平成3年法律第90号）第10条又は第31条その他の法令の規定による賃貸借の対抗要件を備えた場合において、その不動産が譲渡されたときは、その不動産の賃貸人たる地位は、その譲受人に移転する。
> 2　前項の規定にかかわらず、不動産の譲渡人及び譲受人が、賃貸人たる地位を譲渡人に留保する旨及びその不動産を譲受人が譲渡人に賃貸する旨の合意をしたときは、賃貸人たる地位は、譲受人に移転しない。この場合において、譲渡人と譲受人又はその承継人との間の賃貸借が終了したときは、譲渡人に留保されていた賃貸人たる地位は、譲受人又はその承継人に移転する。
> 3　第1項又は前項後段の規定による賃貸人たる地位の移転は、賃貸物である不動産について所有権の移転の登記をしなければ、賃借人に対抗することができない。
> 4　第1項又は第2項後段の規定により賃貸人たる地位が譲受人

又はその承継人に移転したときは、第608条の規定による費用
の償還に係る債務及び第622条の2第1項の規定による同項に
規定する敷金の返還に係る債務は、譲受人又はその承継人が承
継する。

① 605条の2第1項……上記アの②の判例法理（賃貸人の地位の当然
承継）が明文化されました。

　これにより、債権（賃料請求権）および債務（貸借人に使用・収益
させる義務）の結果としての「賃貸人の地位」が、旧所有者（Ａ）
から新所有者（Ｃ）に移転することが条文上も明確になりました。
賃貸人の貸借人に建物を使用収益させる義務の履行については、特
に個性があるわけではなく、ＡではなくＣが履行することも可能で
すし、賃借人（Ｂ）にとっては、現在の建物の所有者（Ｃ）に対し
て、たとえば修繕等を求めるほうが楽ですし、かえって、その保護
になります。このような理由で、賃貸人の地位の当然承継が認めら
れたのです。

② 605条の2第3項……上記アの③の判例法理（賃貸人の地位の移転
を対抗するには登記が必要）が明文化されました。貸借人（Ｂ）に
とっては、新所有者（Ｃ）から賃料を請求されても、本当にＣが新
たな所有者になったか否かはわかりません。

　しかし、ＣにＡから建物の所有権の登記が移っていれば、Ｃが新
たな所有者になったことは一目でわかります。したがって、登記が
必要とされたのです。

③ 605条の2第4項……上記アの④の判例法理（賃貸人の地位の移転
に伴う敷金返還債務等の承継）が明文化されました。賃貸人の地位が
移転すれば、敷金返還債務等の賃貸借関係にまつわる債務もすべて

第1章　賃貸借関係　13

AからCに移転することになります。

　したがって、たとえば実務においては、AC間の売買代金（たとえば2,000万円）から、敷金の額（たとえば100万円）を差し引く売買の方法がとられているのです。

④　605条の2第2項

(a)　不動産の譲渡人（A）と譲受人（C）が「賃貸人たる地位」を譲渡人（A）に留保する旨の合意をし、かつ、その不動産を譲受人（C）が譲渡人（A）に賃貸する旨の合意をしたときは、賃貸人たる地位は譲渡人（A）に留保され、譲受人（C）に移転しません（前段）。

(b)　この場合において、譲渡人（A）と譲受人（C）との間の賃貸借が終了したときは、譲渡人（A）に留保されていた賃貸人たる地位は、譲受人（C）に移転することとされました（後段）。

(c)　すなわち、前述したとおり、賃貸借関係はCA間とAB間に成立しており、AB間は転貸借関係になっているのですが、改正法の規定により、譲渡人（A）と譲受人（C）との間の賃貸借が終了しても、AB間の賃貸借関係はCB間で存在するので、賃借人（B）は、譲受人からの所有権に基づく明渡請求等に応じる必要がありません。したがって、Bの保護に欠けないので、賃貸人の地位を留保する場合でも、Bの同意は不要とされたのです。

コラム　賃借権の物権化

　賃借権は人に対する請求権として「債権」であり、物に対する直接・排他的な支配権である「物権」ではありません（コラム「物権と債権」参照）。

14

したがって、債権である賃借権には、物権のような対抗力はありません。物権のような対抗力があるとは、当事者以外の第三者に対してその物について直接・排他的な支配力を有していることを主張することができることを指します。

　また、物権は、物に対する排他的支配権ですので、公示することにより第三者に対する対抗力を有することになります（Aの土地に地上権を有しているBは、地上権という権利を有していますので、その権利を公示すれば、すなわち登記すれば、その地上権は、Aから土地を譲り受けた第三者であるCにも対抗、すなわち主張することができるということです）。

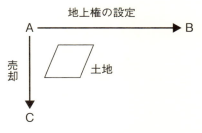

　しかし、賃借権は、人に対する請求権にすぎませんので、物権のようにその物を直接・排他的に支配していると第三者に主張（対抗）できないのが原則です（甲から土地を借りている乙がいた場合、賃貸借契約を甲乙間で契約していても、乙は、土地の使用収益をさせてくれということは甲にしか主張できませんので、甲が土地を丙に売ってしまえば、丙には対抗、すなわち主張できなくなるのが原則です。これを「売買は賃貸借を破る」といいます）。

また、債権である賃貸借は、物権のような長期に存続するものと異なり（物権である永小作権の存続期間は50年とされています）、賃借権は比較的短期の20年を超えることができないものとされていました（現行民法604条）。

　次に、物権は物に対する支配権ですので、その権利を第三者に譲渡することが可能です。賃借権は債権ですので、原則として、譲渡性はありません。乙が甲から土地を借りている場合であれば、乙だけが甲に対して、土地を貸してくれという権利をもっているのであって、勝手に乙がその権利を丁に譲渡することはできないからです。そのような場合には、賃貸人である甲の承諾・同意が必要ということになります（民法612条）。

　このように、賃貸借は「債権」ですので、本来、賃借人の権利は大変弱いものでした。また、賃貸借契約の内容は、賃貸人と賃借人の間で自由に決められますので（契約自由の原則）、賃貸人は自らに有利な契約内容を決めていくことが可能だったのです。

　不動産の賃貸借の分野でも、そのような流れであったところ、それでは賃借人の保護に欠けることになってしまいます。特に、住宅を建てるための土地の賃貸借であれば、賃借人の権利が弱いことは直ちに賃借人が住まいを失ってしまうことにつながってしまいます（もちろん住居だけではなく、店舗や事務所などであっても、そこで商売をしている賃借人にとっては、同じことになります）。

　そこで、わが国では、建物保護法・借地法・借家法の制定および借地借家法の制定により賃借人の権利の強化・保護を図ってきました。その結果として、不動産に関する賃借権（正確には、建物の賃借権および建物を所有する目的での土地の賃借権）については、①存続期間が民法の原則のように20年に制約されることがなく、上限のないものになりました。②賃借権の譲渡につき、地主の承諾が得られない場合でも借地人は裁判所の許可をもって借地権（建物所有目的での土地賃借権）の譲渡ができるようになりました（借地借家法19条）。③ま

た、賃借権についても、第三者に対する対抗力を認めることとしました（建物につき借地借家法31条、土地につき同法10条）。④さらに、昭和16年の借地法および借家法の改正により、期間が満了し賃貸人である地主や大家が契約の更新を拒絶しようとしても、賃貸人側に自己使用の必要性その他正当な事由がない限り契約の更新を拒絶できないこととし、その後、判例により、その権利はさらに拡充され、平成３年の借地借家法の改正に結びつくのですが、賃貸人側に自己使用の必要性、建物の建替えの必要性、売却の必要性、大修繕の必要性その他の事由があっても、賃借人側に建物を使用する必要性があれば、なかなか正当事由の具備が認められないというルールになっています（これを「正当事由制度」といいます。借地につき借地借家法６条、借家につき同法28条）。このことを、借地借家における存続の保証といいます。

　このように、借地借家法を中心にして賃借人の権利を強化し、その結果、債権である賃借権が物権のように扱われている現象がわが国では見られます。これを「賃借権の物権化」と称するのです。

　このような賃借権の物権化は、特に戦後の住宅難の時代においては、居住できない多くの賃借人の保護に資することになりました。

　しかし、その後、時代は変わり、現在、820万戸もの空家を抱える時代になっています。

　そのような時代のもとで、期間の満了により、正当事由の具備の有無を考えずに終了してしまう定期借地権や定期借家権が創設され、賃借人の保護一辺倒ではない状況になっていることも時代の趨勢といえると思います。

3 賃借人による妨害排除請求（新設）

ア 現行民法

　特に規定はありませんでしたが、対抗要件を備えた不動産賃借権については、賃借人は、賃借権に基づいて妨害排除請求権および目的物の返還請求権を有するとの判例法理がありました（最判昭和30年4月5日）。

イ 改正法（従来の判例の考え方を規定したものです）

改正法第605条の4　不動産の賃借人は、第605条の2第1項に規定する対抗要件を備えた場合において、次の各号に掲げるときは、それぞれ当該各号に定める請求をすることができる。
　一　その不動産の占有を第三者が妨害しているとき　その第三者に対する妨害の停止の請求
　二　その不動産を第三者が占有しているとき　その第三者に対する返還の請求

① 上記の判例法理が明文化されました。1号が妨害排除請求権を、2号が目的物の返還請求権を定めています。
② 従来の実務を明文化したものですので、実際に大きな影響はありません。

4 賃借人の修繕権（新設）

ア 現行民法

　現行民法では賃貸人に修繕義務があります（606条）。賃貸人は、建物に雨漏りがしているのを放っておくわけにはいきません。賃貸人は、賃借人に建物を使用収益させることを約して、賃借人から賃料をもらっているのですから、使用収益に耐えるような建物に維持する義務があります。いわば、賃貸人は、賃借人に対して建物をきちんと「貸す債務」を負っているのです。賃貸人が建物を修繕する費用も家賃に含まれています。

　ところで、建物が老朽化しているため賃貸人が貸していた建物を大規模な修繕をしたいとか、建て替えたいと思っても、賃借人が立ち退いてくれず、莫大な立退料を要求されるとしたらどうでしょう。

　たとえば、上記のような場合、まず賃貸人は、期間の満了時などに、賃借人に対して建物が老朽化して耐震基準を満たさないこと等を理由（これを「正当事由」といいます）として、立退きを要求することになります。その際に、賃借人には、賃貸人に対して建物を建て替えてあらためて賃貸借契約を結べ等と要求する権利はありません。

　ところで、建物の修繕には、大修繕・中修繕・小修繕の区別があります。

　小修繕とは、障子の張り替えや電球の交換を、中修繕とは、大修繕に至らない雨漏りを直す程度の修繕のことをいいます。いずれも建物の構造には手をつけない、大修繕には至らない程度の修繕です。

　大修繕とは、屋根のふき替えや、柱の交換などの大規模な修繕のこ

第1章　賃貸借関係　19

とを指します。

このような修繕は賃貸人の義務ですが、きちんと修繕を行っていくことにより、建物の老朽化は遅くなりますから、建物を返してほしいと考えている賃貸人は、修繕をせずに建物を放置しがちになります（建物の老朽化は、上記の「正当事由」の一要素となるため、期間の満了時に建物が老朽化しているほうが、賃貸人にとっては建物を返してもらいやすくなるからです）。その結果、賃借人は建物の老朽化を甘受せざるをえなくなります。場合により、すきま風が気になったり、雨水がしみてきたりするかもしれません。そうなると、賃借人は生活に不便を感じるので勝手に修繕することになりますが、賃貸人は賃借人が無断で建物を改造したとして、債務不履行を主張し、賃貸借契約を解除するという場合も生じてきます。

そこで、賃借人は裁判所に仮処分の申立てをして、保証金を積んだうえで、賃貸人が修繕しないので建物を修繕せよという裁判所の仮処分を得て、賃貸人に建物を修繕させることになるのです。

イ　改正法 (新しい考え方の規定です)

① このようなトラブルを避けるために、今回の民法改正で賃借人の修繕権を認めることになりました。

② ただし、賃借人は、いつでも修繕できるのではなくて、賃貸人に対して修繕が必要である旨を通知し、あるいは賃貸人がその旨を知ったにもかかわらず、相当の期間内に必要な修繕をしない場合、または急迫の事情がある場合に限られます。

改正法では賃借人の修繕権は以下のように規定されています。

改正法第607条の2　賃借物の修繕が必要である場合において、

次に掲げるときは、賃借人は、その修繕をすることができる。

一　賃借人が賃貸人に修繕が必要である旨を通知し、又は賃貸
　　人がその旨を知ったにもかかわらず、賃貸人が相当の期間内
　　に必要な修繕をしないとき。

二　急迫の事情があるとき。

　たとえば、大地震があって建物にひびが入り、放っておくと屋根や
壁から雨水が入ってくるのに賃貸人が修繕をしないときは、賃借人は
自ら修繕できるとの規定を設けました。

ウ　実務上の注意点

①　賃借人が修繕する権利は認められましたが、問題はないのでしょ
うか。

　1つ目の問題として「賃借人が賃貸人に修繕が必要である旨を通
知」するとしても、本当に修繕が必要かどうかをどのように判断す
ればよいかという問題があります。修繕が必ずしも必要でないのに
修繕するというのは、一種の権利の濫用になります。

　客観的に修繕の必要性があるのに賃貸人が修繕しない場合にどの
ようにしたらよいかは、条文から読み取れます。しかし、客観的に
修繕の必要がないのに賃借人が通知することにより修繕権があると
いうことになると、問題です。つまり、修繕の必要性が客観的に認
められないのに、賃借人が「ある」といえば、この制度の適用があ
るのか。客観的に必要な修繕というものは、だれが、どこで、どう
やって決めるのかということです。

　1つ目の問題に派生する2つ目の問題として、仮に客観的に修繕
が必要だとしても、賃借人がその必要な範囲を超えて修繕してし

第1章　賃貸借関係　21

まったら、どうなるのでしょう。その費用を賃貸人は負担する必要はありません。どこからどこまでが客観的に修繕の必要があった費用で、どこからどこまでがそれを超える費用かをどのように決めるのかも問題になりそうです。

すなわち、借主が修繕した場合、どこまでの費用の負担分を認めるのかという問題があります。たとえば、窓が割れてしまったのでガラスを入れ替えたというのはよいとしても、古くなっていた木枠をアルミサッシに変えたとしましょう。アルミサッシに変えるのは問題のない修繕といえるでしょうか。むずかしい問題になります。

3つ目の問題として、建物が老朽化しているので、賃貸人は賃借人に対して立退請求をしたい場合があります。賃貸人は建物が老朽化しているから立ち退いてほしいと賃借人に申し出たときに、賃借人が建物を適切に修繕しているので老朽化していないと主張したらどうでしょう。すなわち、賃貸人が正当事由を満たすような老朽化を主張して立退請求をしたときに、賃借人が修繕権を行使して老朽化を防止した場合、どちらが優先するかも今後トラブルになる可能性があります。

以上のように、賃借人の修繕権はどこまで認められるのかというのは、この規定だけでは、十分にわかりません。このような問題も今後増えるのではないかと思います。

② 以上のような問題に対処するために、特約を結んで、禁止するべき修繕権の範囲を列挙する方法があります。

まず、たとえば増改築に及ぶ場合はもとより、耐震工事や建物の躯体に影響する大規模修繕に関する修繕権は認めないこととし、「修繕権を有するのは小規模修繕に限る」と特約して、賃借人が勝手に中修繕をすることも認めない規定にすることが考えられます。

修繕権に関する改正法607条の2は任意法規で強行法規ではないので、特約が優先します。一般的な民法の規定は任意法規といい、原則となる規定です。そのうえに特約があり、特約で原則である任意法規をひっくり返すことができます。これに対して、特約が民法や借地借家法の強行法規に違反すれば、その特約は効力を失います。たとえば、賃借人の保護に反する特約は借地借家法違反になり、公序良俗に反する契約は民法90条違反ということになります（コラム「原則と例外」参照）。

　問題は、中修繕です。雨漏りがする、風が吹き込むなどのケースで、建物の構造や躯体には手を入れないが、放置したままでは賃借人の使用収益の満足が得られない場合は、賃貸人の「貸す」債務が十分に履行されていないことになります。使用収益を完全にするためにする修繕が中修繕です。たとえば、屋根や壁の亀裂などの箇所を修理する場合が考えられます。しかし、最近の建物のように構造が複雑な場合は、どこからどこまでの範囲を直せば雨水の流入が止まるのか、専門家でもなかなかわからない場合もあります。これをすべて賃借人の判断に任せてしまうことは、賃貸人には、かなり抵抗感があると思いますし、後日、修繕の必要な範囲等について紛争が生ずるおそれも十分にあります。

　小修繕はガラスの交換、電球の交換や、障子の張り替え、ふすまの張り替えなどですが、そこで、たとえば、賃借人の修繕権は小修繕に限ると限定する特約を付することが考えられることになるわけです。

コラム	原則と例外

1　はじめに

　法律を勉強するときのむずかしさのひとつとして、原則と例外ということがあると思います。すなわち、法律には、原則的な場合と例外的な場合があるということです。つまり、原則として「何々としなければならない」、または「何々としてはならない」と定めていても、必ず、「ただし、例外として、何々の場合はこの限りではない」などとつけられてしまうということです。

　また、場合によっては、その例外のなかにも、さらに原則的な例外と例外的な例外というかたちで続いていくということも考えられます。

　なぜ、このような事態が生ずるのかといえば、法律をつくった時から、その後、時代が変化し、当初つくった時の条文では対応ができなくなっていくからです。

　今回、民法が改正になりましたが、120年近く前の法律です。その後、自動車や飛行機もできれば、壁掛けテレビもできるし、人工知能（AI）やスマホ、パソコン等々、科学技術の進歩および世の中の考え方の違いは目を見張るばかりです。その場合、まず、解釈によりこれらの時代の変遷に対応することとしますが、そのうちの最も有力な解釈が、裁判官が判決というかたちで行うものです。それを、「判例」といいます。そして、その判例も多く集積してきて、元の法律自体が時代の要請に応えられないことになると、立法により改正を行うということになります。

　今回の民法改正でも、120年分の時代の変化に対応するため、別の言い方をすれば、解釈や判例等では追いついていけなくなってしまったために、抜本的な立法による改正が行われたのです。

2　一般法と特別法

　以上のような経過をたどることは、法律の世界にはいくつもありま

24

す。たとえば、明治29年に民法ができた時は、不動産についても賃貸借契約の規定だけで処理されていましたが、その後、借地人の保護のために例外として建物保護法や借地法ができ、借家人の保護のために借家法ができ、さらに、借地人・借家人の保護を行うために戦時立法として昭和16年に正当事由制度ができました。しかし、戦後、判例により、「自己使用の必要性その他の」とされていた正当事由の拡張的な解釈が行われ、賃借人側の事情も考慮されることとなりました。

　そして、平成3年の借地借家法の改正により、正当事由が必要とされる借地制度の例外として定期借地権が創設され、さらに、平成11年の改正により正当事由が必要な借家権の例外としての定期借家権が創設されたのです。

　これらの法律の原則と例外の違いをしっかりと頭のなかに入れていくことにより、法律をより立体的に理解することができるのではないかと思います。

　このように法律のなかには、原則的な法律と例外的な法律とがあります。前者を原則法あるいは一般法といい、後者を例外法あるいは特別法と呼びます。たとえば、原則法・一般法である民法に対して、例外法・特別法である借地借家法、高齢者の居住の安定確保に関する法律、宅建業法等々ということになるわけです。

3　任意法規と強行法規

　また、法律の規定のなかにも原則と例外の関係が見てとれます。民法の規定の多くは、任意法規（または補充規定）といいます。これは、契約等を行う当事者間に原則的に適用される法律（ルール）であるという趣旨です。

　したがって、売買契約という契約をしたときに特別の定めを当事者間でしなくても民法の規定は任意法規であり、補充規定ですので、一般的にその売買契約に適用されることになります。しかし、当事者である売主と買主は、それらの規定を超える特約をつくることができます。これが、例外の1つ目です。自由に特約を付することができるこ

第1章　賃貸借関係　25

とを契約自由の原則といいます。

　人の人に対する権利である債権関係である売買契約においては、人は自由に権利を設定し、処分等することができますので、売買契約の中身をいろいろと変更することもできるということです。たとえば、不動産の売買契約を行い、手付金をうち、代金を一括払いではなく、分割払いにするなどの場合です。そして、代金をすべて完済した時にはじめて引渡しをするとか登記を移転する（その前に仮登記をつける）などの特約をすることが考えられます。

　さらに、例外の２つ目として、強行法規というものがあります。それは、当事者の特約をもってしても強行法規に反することができない、というかたちで当事者を非常に強く拘束する規定のことを指します。たとえば、公序良俗違反（民法90条）があります。人を殺す約束をして、その殺人の報酬として100万円をもらうことにし、実際に殺人をしたが、報酬を払ってくれないので、裁判所に訴えても、その根拠となる殺人を依頼しその対価を支払うという契約は公序良俗に違反しているので効力を認められません。

4　買戻し特約（民法579条）の場合

　それでは、買戻しの特約を売買契約につけた場合はどうでしょうか。従来は、民法579条により、買戻しは売主Ａと買主Ｂとの間で、Ａがいったんこに不動産を売るが、後にＡがその契約を解除することにより買い戻すこととなるので、1,000万円での売買契約であれば、買戻しの金額は1,000万円でなければならない、そして、この規定は強行規定であると解されていましたので、ＡＢ間での買戻しの金額は売買代金と同額でなければならないこととされていました。

　しかし、このたびの民法改正により、より柔軟な対応をすべきであるということから、この買戻しの金額についてはＡＢ間で自由に定めることが可能となりました。すなわち、民法579条は、任意法規化されたのです。

5 賃貸物件の一部を利用できなくなった場合

ア 現行民法

　民法611条は、賃借物の一部が賃借人の過失によらないで滅失したときは、賃借人はその滅失した部分の割合に応じて賃料の減額を請求することができることになっています。

　たとえば、賃貸人（A）が面積40平方メートルの平屋建ての古い建物を所有していましたが、増築し、増築部分が60平方メートルであった場合を想定します。賃借人（B）が、あわせて100平方メートルの建物を賃料10万円で借りていたとします。その後、地震で古い建物の部分40平方メートルが倒壊したとすれば、滅失したことは賃借人の過失によるものではありません。100平方メートルの建物のうち40平方メートルの部分が滅失したのですから、賃料も10万円のうち4万円部分が滅失したとして、割合に応じて賃料の減額を請求することができることとなっていました。

イ 改正法（新たな考え方が加わった規定です）

改正法第611条　賃借物の一部が滅失その他の事由により使用及び収益をすることができなくなった場合において、それが賃借人の責めに帰することができない事由によるものであるときは、賃料は、その使用及び収益をすることができなくなった部分の割合に応じて、減額される。

2　賃借物の一部が滅失その他の事由により使用及び収益をする

第1章　賃貸借関係　27

> ことができなくなった場合において、残存する部分のみでは賃借人が賃借をした目的を達成することができないときは、賃借人は、契約の解除をすることができる。

① 今回の民法改正では、滅失だけでなく、「その他の事由により使用及び収益をすることができなくなった場合において」も加わりました。つまり「滅失」した場合だけではなく、「使用収益ができなくなった場合」で、かつ、「賃借人の責めに帰することができない事由」によるときは減額されます。

② また、「減額を請求することができる」ではなく、「減額される」となっています。すなわち、賃借人からの請求がなくとも、当然に賃料が減額されることに変わりました。これは非常に大きな改正です。

　当然に減額できることに変わった理由は、賃料は使用収益の対価なので、たとえば、賃借人に10の使用収益をさせたから10の賃料を受け取るという関係にあります。使用収益させている部分が6になってしまったら、賃料は6に減ることになります。このような結論になることは、請求をするかしないかということとは関係ないからです。

③ 次に、「滅失その他の事由」とは何かというと、故障や安全性の欠如を指すといわれています。たとえば、安全性が欠如しているから立入禁止になりましたという場合も使用収益できません。

　現行民法では「滅失」だけでしたから、滅失している範囲というのは目で見ればわかります。ところが、故障しているとか安全性が欠如しているなどの場合は、客観的に理由があるか否かは裁判所に判定してもらうことになるでしょうから、争いが生ずる可能性があ

ると思います。

④　さらに、別の問題もあります。当然に減額がされるということに
なったことにより、どういうことが起きるでしょうか。

　10万円の賃料で100平方メートルの建物を借りていて、そのうち
の40平方メートルが滅失した場合には、4万円分の賃料が減額され
て6万円になることはだれでもわかります。しかし、「安全性が多
少欠如しているが出入りはできる」という場合に、賃借人は、「怖
いから入らない」と主張しているとすると、「その他の事由」があ
るか否かを、ある程度賃借人の主観も含めて決めるのか、それとも
純粋に客観的に決めるのかで、まず争いが生じます。

　また、エアコンが故障したとか、水道が出ない、下水がうまく流
れないといったときに、この建物の賃料はどのぐらい減価するのか
を算定するのは大変です。100％使用できない場合はともかく（こ
の場合は、賃料は0になります）、一部使用できない場合に賃料が当
然減額されることになると、賃料10万円のところを5万円だけ支払
い、賃貸人が納得しなければ、賃借人は賃料として5万円を供託す
ることになります。すると、賃貸人は、賃借人は10万円の賃料のう
ち5万円しか支払っていないと主張して、賃料不払いを理由に賃貸
借契約を解除しようとするかもしれません。このようなトラブルが
起きてくる可能性もあります。

⑤　そこで、たとえば「賃借人は、賃貸物件に一部滅失した部分を発
見した場合には、直ちに賃貸人に通知するものとし、通知を受けた
賃貸人は、賃借人と一部滅失の割合について協議し、その割合を確
定するものとする。賃借人が、上記の通知をしなかった場合には、
賃借人は、通知以前の賃料について減額を主張しえないものとす
る」というような特約を設けることが考えられます。このように、

第1章　賃貸借関係　29

賃借人に通知義務を課した場合には、賃借人は、使用収益の範囲が狭くなっていることを通知しないと修繕権も成立しないことになります。

⑥　上記のとおり賃料の当然減額という構成をとることは、「賃料不払いである」との賃貸人の主張を生じ、契約解除というトラブルにつながっていきますので、どういうルールづくりをして特約を結んでいくかは、今後の重要な課題です。

6 賃借物の全部滅失による賃貸借契約の終了（新設）

ア　現行民法

　特に規定はありませんでしたが、賃借物の全部について滅失等により使用収益が不能となれば、賃貸借契約は終了するとの判例法理がありました（最判昭和42年6月22日等）。

イ　改正法（従来の判例の考え方を規定したものです）

改正法第616条の2　賃借物の全部が滅失その他の事由により使用及び収益をすることができなくなった場合には、賃貸借は、これによって終了する。

---

①　上記の判例法理が明文化されました。
②　従来の実務に変更はありません。

第1章　賃貸借関係　31

7 原状回復（新設）

ア 現行民法

　使用貸借の規定を準用し、抽象的な原状回復義務だけを規定していました（民法616条・598条。ただし、「借主は……付属された物を収去することができる」と権利というかたちで規定されています）。

イ 改正法（従来の判例の考え方を規定したものです）

> **改正法第621条** 　賃借人は、賃借物を受け取った後にこれに生じた損傷（通常の使用及び収益によって生じた賃借物の損耗並びに賃借物の経年変化を除く。以下この条において同じ。）がある場合において、賃貸借が終了したときは、その損傷を原状に復する義務を負う。ただし、その損傷が賃借人の責めに帰することができない事由によるものであるときは、この限りでない。

① 　現行民法の原状回復の条文としては、上記のとおり収去権の規定がありましたが、今回の民法改正で収去義務の規定に変わりました。

　したがって、改正法では、条文が新設されました。改正法621条は、賃借人は、賃借物を受け取った後に、これに生じた損傷がある場合において、賃貸借が終了したときはその損傷を原状に復する義務を負うものとされ、ただし、その損傷が賃借人の責めに帰するこ

とができない事由によるものであるときは、この限りでないとしています。

② たとえば、たばこを吸って、そのたばこのヤニが貸し室の天井や壁についたとしたら、たばこを吸った賃借人の責任になります。壁に穴が開いていたとします。「原因は？」と賃貸人が尋ねると、「夫婦げんかをしたときに、物を投げたらぶつかって穴が開いてしまった」とか、「フローリングの床に傷がいっぱいついているね。これどうしたの？」と尋ねたら、「本箱を移動しようとして床を引きずったときについた傷です」と答えた場合などは、賃借人の責めに帰すべき事由（故意・過失）に基づくものとして賃借人の責任になります。

③ 以上対し、たとえば、日に焼けて壁が変色したなど自然現象による通常損耗や経年変化による場合ですが、条文ではカッコ書されています。このような場合には、賃借人は修繕などして原状に回復して賃貸人に引き渡す義務は負いません。賃貸人が賃料を受け取っている以上は、そのような通常損耗や経年変化による損傷の原状回復費用は賃貸人が負担することが明記されています。

④ それでは、地震で壁に亀裂が生じたり、床にひび割れが生じた場合はどうなるでしょうか。これは自然災害によるもので、賃借人の責に帰すべき事由によるものではないので、賃借人は原状回復の責任を負いません。

⑤ 以上の今回の新設規定の内容は、最高裁判例に基づく不動産の実務を条文化したものです。すなわち、長年使用していれば、それが通常の使用に伴うものでも畳やふすまが日に焼けたり古くなりますが、それは一定期間建物を使用するという賃貸借契約には当然伴う通常損耗や経年変化であり、家賃をもらっている賃貸人が自分の費

第1章　賃貸借関係　33

用で修繕すべきもので、預かっている保証金や敷金と相殺すること
はできないという趣旨の平成17年12月16日の最高裁判例がありま
す。この判例をもとに、国土交通省は原状回復ガイドラインを策定
しました。

　当時は、たとえば、敷金を家賃の6カ月分預かってアパートを賃
貸していて、賃借人が退出する際に、賃貸人は賃借人に対して、
「畳が古くなっている」「ふすまも古くなって、日焼けしている」か
ら、「畳も張り替えます」「ふすまも張り替えます」と主張して、そ
の費用を預かっている敷金から差し引くということがありました。
しかし、最高裁判例は、これを認めませんでした。

　たとえば、畳のたばこの焼け焦げや家具を引きずってつけた傷
は、賃借人の責めに帰すべき事由によるものですが、それ以外の通
常損耗や経年変化による損傷は、賃貸人の責任としたのです。つま
り、それらの回復費用は、もらっている家賃のなかから支出しなさ
いということです。今回の改正は、このルールを明文化したもので
す。

ウ　実務上の注意点

　実務上注意しなければならないのは、畳の張り替えなどを求める原
状回復の特約についてです。たとえば「畳の張り替えは賃借人がしま
す」という特約を結んでいれば、その特約は有効です。

　改正法621条は任意規定ですから、特約がないときはこの規定に従
うことになりますが、特約があれば、それに従うことになります（コ
ラム「原則と例外」参照）。

　ただし、平成17年の最高裁判決は、「賃借人が補修費用を負担する
ことになる通常損耗の範囲が賃貸借契約書の条項自体に具体的に明記

されているか、仮に賃貸借契約書では明らかではない場合には、賃貸人が口頭により説明し、賃借人がその旨を明確に認識し、それを合意の内容としたものと認められるなど、その旨の特約が明確に合意されていることが必要である」（下線、筆者）としています。そうすると、賃借人も納得したうえで、古くなった畳については賃借人が畳替えをしますという特約をして、契約書に明記されるなどしていれば、その特約は有効ということになります。

　ハウスクリーニングの場合はどうでしょう。賃借人がハウスクリーニングを行うとの特約も、賃借人が納得したうえで、契約書に明記するなど明確に合意していれば、その特約は有効です。

　また、オフィスビルなど住宅でない場合についても東京高等裁判所の判例があります（東京高判平成12年12月27日）。新築ビルでは、賃貸借契約のなかで原状回復義務の特約を結んでいることが多く行われています。退去する際には新築時の状態に戻すという特約で、賃借人に賃貸物件のクロスや床板、照明器具などを取り替える、場合によっては天井を塗り替えることまで原状回復義務を課する旨の特約をするのは有効だと認められています。

　住宅の場合には個人が賃借するので、弱者保護の観点から賃借人を保護することが多くなりますが、オフィスや店舗あるいは倉庫の賃貸借では、企業同士の取引になることが多いので、このような原状回復に関する特約も、当事者間で明確に合意されているのであれば、経済的にも合理性があるため認められやすくなるのです。今後は、状況に応じた特約をつくり、当事者双方が明確に合意していくことが重要になります。

8 敷金（新設）

ア 現行民法

特に、明確な規定はありません。

イ 改正法（従来の判例の考え方を規定したものです）

> 改正法第622条の2　賃貸人は、敷金（いかなる名目によるかを問わず、賃料債務その他の賃貸借に基づいて生ずる賃借人の賃貸人に対する金銭の給付を目的とする債務を担保する目的で、賃借人が賃貸人に交付する金銭をいう。以下この条において同じ。）を受け取っている場合において、次に掲げるときは、賃借人に対し、その受け取った敷金の額から賃貸借に基づいて生じた賃借人の賃貸人に対する金銭の給付を目的とする債務の額を控除した残額を返還しなければならない。
>
> 一　賃貸借が終了し、かつ、賃貸物の返還を受けたとき。
>
> 二　賃借人が適法に賃借権を譲り渡したとき。
>
> 2　賃貸人は、賃借人が賃貸借に基づいて生じた金銭の給付を目的とする債務を履行しないときは、敷金をその債務の弁済に充てることができる。この場合において、賃借人は、賃貸人に対し、敷金をその債務の弁済に充てることを請求することができない。

① 今回の改正で初めて敷金の定義がなされました。敷金の定義は条

文のカッコ書のなかにあり、「いかなる名目によるかを問わず、賃料債務その他の賃貸借に基づいて生ずる賃借人の賃貸人に対する金銭の給付を目的とする債務を担保する目的で、賃借人が賃貸人に交付する金銭をいう」とされています。非常に明確になりました。

「賃料債務その他の賃貸借に基づいて生ずる一切の債務を担保する」とされていて、賃料債務だけではなく、損害賠償債務も入ります。たとえば、賃料の不払いがあったときには、遅延損害金が発生しますし、賃借人が寝たばこから火事を出した場合も損害賠償債務を負担し、これらについても当然、敷金が担保するということになります。

「いかなる名目によるかを問わず」というのは、賃借人から賃貸人に交付されている金銭であって、名目は、敷金であれ、保証金であれ、賃貸借に基づいて生ずる賃借人の債務を担保する目的で授受されている金銭ということです。日常的に用いる不動産実務の用語では「保証金」と呼ぶこともありますが、法律用語としては「敷金」とされたということです。

② 敷金を賃貸人が受け取っている場合に、1項の1号と2号に掲げるときは、賃貸人は、賃借人に対し、その受け取った敷金の額から賃貸借に基づいて生じた賃借人の賃貸人に対する金銭の給付を目的とする債務の額を控除した残額を返還しなければならないということになります。

未払賃料があったら敷金から相殺するという言葉がよく使われますが、厳密には「相殺」ではありません。相殺というのは、相殺の意思表示が相手に到達しなければなりません。たとえば、配達証明付内容証明郵便が届かなければなりませんが、賃借人が行方不明になっていると相殺通知は届きません。しかし、その場合でも債務の

第1章 賃貸借関係 37

額を控除することになっていますから、これは相殺ではありません。法律用語では「充当」といいます。

③　改正法622条の2の1号・2号は、従来の判例法理を明確にしています。1号は「賃貸借が終了し、かつ賃貸物の返還を受けたとき」としていて、終了しただけでは足りません。目的物の返還を受けてからはじめて敷金を返せば良いということを明確にしています。これを敷金の返還についての「明渡時説」といいます。

「明渡時説」は、昭和48年2月2日の最高裁判決で採用されました。

賃貸人A・賃借人Bの間で建物賃貸借契約が終了し、終了するとBには建物を返す義務が生じます。そのときにAが立退きを要求したとします。その場合に、Bは、「預けている敷金を返してほしい、返してくれなきゃ引っ越し代が出ないので困る」といって敷金を返してもらえる、とする考え方を「終了時説」といいます。

判例・通説は「明渡時説」でした。明渡しを受けてからでないと、賃貸人は、建物のなかを見ることができません。建物のなかを見て、傷ついているところや穴の開いているところ壊れているところ等を確認したうえで、修繕等して敷金から修繕代を差し引いて残りがあったら返すということにしないと、先に引っ越し代を渡したら賃借人に逃げられてしまいます。そこで明渡しをしてから敷金の残額を返すということが判例であり通説だったのですが、そのことを、今回の改正法では明確にしました。

④　なお、2項において、賃借人の側から敷金を未払債務の弁済に充てることを請求できないことも明記されました。これは、賃貸借契約が継続中の場合を想定しています。つまり、賃借人が契約中に家賃を支払わず、「敷金から差し引いておいてくれ」とはいえないと

いうことです。「敷金を返せ」ということは、賃貸借契約が終了し、建物を明け渡してからでなくては賃借人は主張できないのですから、契約中にこのような主張ができないのは、いわば当然です。従来からの考え方を規定したものです。

9 保証の極度額（新設）

ア 現行民法

特に、規定はありません。

イ 改正法（新しい考え方の規定です）

保証の極度額についても改正され、新たな規定が設けられました。

改正法第465条の2 一定の範囲に属する不特定の債務を主たる債務とする保証契約（以下「根保証契約」という。）であって保証人が法人でないもの（以下「個人根保証契約」という。）の保証人は、主たる債務の元本、主たる債務に関する利息、違約金、損害賠償その他その債務に従たる全てのもの及びその保証債務について約定された違約金又は損害賠償の額について、その全部に係る極度額を限度して、その履行をする責任を負う。

2 個人根保証契約は、前項に規定する極度額を定めなければ、その効力を生じない。

3 第446条第2項及び第3項の規定は、個人根保証契約における第1項に規定する極度額の定めについて準用する。

---

① 一定の範囲に属する不特定の債務を主たる債務とする保証契約のことを根保証契約といいます。「金1,000万円の借入金の保証をする」などの通常の保証に対して、根保証とは、一定の範囲に属する

ものを全部保証することを指します。

　たとえば、借主が金融機関との間で手形・小切手の取引をしたり、貸付を受けていて、今回の借入額は1,000万円ですが、将来2,000万円、3,000万円になるかもしれないという場合に、そういう一定の取引に基づいて生じる債務の全部を保証するのが、根保証です。保証という言葉に「根」がつくと、AB間の一定の取引から発生するすべての債務をまとめて保証するという意味になります。

　今回の改正により、個人が一定の取引から生ずる債務をすべて保証するときは、個人の保護のために極度額の範囲でしか責任を負わせないということになりました。AB間の一定の取引について発生するいっさいの債務について全財産をあげて保証するというのが本来の根保証ですが、個人が根保証するときは、極度額を決めて、その極度額を限度としてだけ履行する責任を負うということになります。たとえば、極度額を200万円にすれば200万円の範囲でしか保証人は責任を負わないということです。

②　改正法465条の2第2項は、個人の根保証契約は前項に規定する極度額を定めなければ、その効力を生じないとしています。

　たとえば、ABの間に建物賃貸借契約があり、賃借人Bが負う債務をCが保証する場合を考えます。Bが寝たばこをして、借りていたマンションから火を出して全焼させてしまったら、Cはその損害賠償債務を全部負うことになるのでしょうか。

　このような建物賃貸借契約の保証の場合は、Cは賃貸借契約関係から生ずる損害の全部を賠償しなければならないので、個人根保証となり、極度額（たとえば、200万円）を定めないと保証契約の効力が発生しないことになりました（なお、「保証」でも「連帯保証」でも同様です）。今後、このような説明もしたうえで、保証人となっ

第1章　賃貸借関係　41

てもらわなければならなくなるので、いままで以上に個人の保証人を得るのはむずかしくなるかもしれません。保証会社の役割がさらに大きくなるのではないかと予想されます。

ウ　実務上の注意点

　保証契約は書面で行わなければならないので（民法446条2項）、賃貸借契約書にその旨を明記する必要があります（コラム「不動産賃貸借と契約書の作成」参照）。

　特に、定期借家契約の場合は、普通借家契約の場合と異なるので、注意が必要です。普通借家の場合は、最初に保証人として契約書に記載すれば、その後、その契約が自動更新や法定更新されても、更新後の契約は、更新前の契約と同一性を失わないと解されていますので、保証人の責任も継続しますが、定期借家契約では、最初の契約に保証人として署名・押印しても、次の契約に保証人として署名等しなければ、契約は別なので、2回目の契約については保証人の責任は生じません（コラム「民法改正と定期借家権」参照）。

10 保証人の負担と主たる債務の目的または態様（新設）

ア 現行民法

特に、規定はありません。

イ 改正法（従来の考え方を明記した規定です）

保証人の負担と主たる債務の目的または態様についても改正され、新たな規定が設けられました。

改正法448条

（略）

2 主たる債務の目的又は態様が保証契約の締結後に加重されたときであっても、保証人の負担は加重されない。

---

① 民法448条には、「保証人の負担が債務の目的又は態様において主たる債務より重いときは、これを主たる債務の限度に減縮する」という規定があります。

　これは、保証債務は、主たる債務に対して、従たる債務ですので、その目的・態様について、主債務より重くなることはないことを示しています（これを「保証債務の付従性」といいます）。

　したがって、保証債務の目的・態様が主債務より重い場合は、保証債務は主債務の限度に減額されるということを規定しているのです。

② それでは、保証債務が成立した後に、主債務の目的や態様が加重

第1章　賃貸借関係　43

された場合はどうでしょう。

　この点についても、上記の「保証債務の付従性」から、保証債務の内容（目的・態様）が加重されることはないと解釈されていました。

　今回の改正により、この点が明文化されました。

ウ　実務上の注意点

① 　10万円の家賃である賃貸借契約を保証していた場合に、その後、家賃が12万円に増額されたときは、どうなるのでしょう。

　改正法の規定からすると、増額された12万円の家賃については、保証人は責任を負わないのでしょうか。

② 　保証人は、賃貸借契約から生ずる賃借人の債務のいっさいを保証するのですから（これを「根保証」といいます）、当然、増額された家賃についても責任を負わなければなりません。従来もそうでしたし、これからも変わりません。

③ 　しかし、民法が改正されて新しい条文ができたことから、この点について疑義が生ずるのを避けるため、契約書に賃料や共益費等が増額された場合も保証人は責任を負う旨を明記しておいても良いと思います。

コラム	不動産賃貸借と契約書の作成

　不動産（土地・建物）の賃貸借契約を結ぶ場合に契約書の作成は必要でしょうか。

　まず、原則として、不動産・動産を問わず、賃貸借契約を結ぶときに書面の作成は必要ではありません（民法601条）。Ａが目的物を相手

方に貸し（使用収益させ）、相手方は、その対価としての賃料を払うことをそれぞれ約束すれば、契約は効力を生ずるものとされているからです。これを諾成契約といいます。口頭の合意でもかまわないという趣旨ですが、民法の契約においては、諾成契約が原則となります。したがって、動産の賃貸借や、あるいは土地を駐車場として使用する契約や、あるいは、土地や建物の売買契約であっても、それらはすべて口頭契約でも足りるということになるのです。

　しかし、例外として、特別に書面の作成が必要とされている場合があります。それぞれ特別法等で要求されているのですが、特に，慎重に契約をしなければならないなどの必要性があることが理由となっています。

① 　他人の保証人になることについては、本来、保証契約は口頭でも可能だったのですが、他人の保証人になるということは、その他人の負った債務のすべてにつき自分の全財産をあげて保証しなければならないことを意味しますので、とても大変なことになります。

　　そこで、平成になってから民法を改正し、保証契約について書面の作成を必要とすることとされました（民法446条2項）。

② 　定期借地権につき、書面の作成がなければ定期借地契約として効力を生じないものとされています。

　　具体的には、(a)期間50年以上の一般定期借地権（借地借家法22条）および、(b)専ら事業の用に供する建物を建てる目的で10年以上50年未満の借地契約を結ぶ場合です（これを事業用借地権、または事業用定期借地権と呼びます。同法23条）。

　　従来の普通借地権に比べると、原則として期間の満了により建物を収去して土地を明け渡さなければならなくなりますので、大変重要な財産処分行為であるということから、このような規定とされています。

③ 　定期借家権についても、契約書等の作成が義務づけられています。

第1章　賃貸借関係　45

(a)まず、定期借家契約をするときは書面（契約書）を作成することが必要です（借地借家法38条１項）。従来の普通借家権に比べて、期間の満了により、建物から退去しなければなりませんので、大変重要な財産処分行為であるということから、このような規定とされています。(b)また、契約書ではありませんが、事前説明文書も必要です。すなわち、定期借家契約を結ぶに際して、契約書に署名・押印するよりも前に、これから結ぼうとする契約は期間の満了により終了し、更新しないものであることを口頭で説明し、かつ、その説明する内容を記載した書面を作成し、相手方である賃借人となろうとする者に交付しなければならないものとされています（同条２項）。

定期借家の場合には、上記のとおり、(a)で契約書を書面で作成したうえで、さらに契約書と別に、(b)の事前説明文書を作成・交付し、説明しなければならないものとされていますので、注意が必要です。特に、再契約をする場合等、賃貸人と賃借人の間で、結ばれる賃貸借契約が定期借家であることを十分認識していたとしても、そのような個別の事情によって、事前説明文書は不要になるわけではないという趣旨の最高裁判例（最判平成24年９月13日）が出ていますので、注意が必要です。

④　終身借家権……高齢者が死ぬまで住める「終（つい）の住みか」として、死ぬまで住むことができ、また賃借権を相続をしないという借家権が、平成12年に創設されました（高齢者の居住の安定確保に関する法律52条以下）。

そして、この終身借家契約を行う際も、契約書の作成が必要とされています。

⑤　サービス付き高齢者向け住宅……その後「サービス付き高齢者向け住宅（サ高住）」という制度ができました。

この場合は、賃貸借契約と、サービス提供契約（準委任契約）をセットで行うことにより、行政から補助金が出されたり、税務上の

特典などが与えられます。今後、増加することが予想されている高齢者の住居を、賃貸住宅で確保するために作成された制度です（平成23年10月施行）。

　この「サ高住」においても契約書の作成が要件とされています（高齢者の居住の安定確保に関する法律7条1項6号イ）。

　「サ高住」は、①賃貸借契約、プラス②準委任契約ということになりますが、賃貸借契約の中身として普通借家契約、定期借家契約、終身借家契約の3つが考えられるところ、そもそも定期借家契約と終身借家契約は書面の作成が要件とされています。普通借家契約においては、口頭契約でもよいのが原則ですが、サ高住を普通借家契約で行う場合は、例外として書面の作成が必要とされているのです。

　また、委任契約（厳密には、法律事務の委託ではないため「準委任」契約ですが）についても、原則として口頭契約で足りるのですが（民法643条）、「サ高住」をする場合に限り、契約書の作成が必須のものとされているのです。

⑥　ところで、上記の契約書については、原則として、公正証書「等」の書面の作成とされており、公正証書の作成は義務づけられておりません。それでは、上記の契約書や書面のうち、必ず公正証書にしなければならないものはあるのでしょうか。

　答えは、事業用借地権または事業用定期借地権です（借地借家法23条3項）。事業用借地権については、平成20年の借地借家法の改正により、10年以上20年以下という短期間の借地権が、10年以上50年未満と期間が伸長されました。しかし、借地借家法の立法当初は（平成3年）、事業用の建物を所有する目的に限るとはいえ、10年以上20年以下という非常に短い期間で土地の賃貸借が終了し、原則として、建物を取り壊して土地を返さなければならないという短期の借地契約であったため、そのような契約を結ぶ場合には、借地人の保護を図るために、より慎重な手続が必要とされ、公正証書の作成

第1章　賃貸借関係　47

が義務づけられたのです。

　その結果、事業用借地権・事業用定期借地権を締結する場合には当事者間で文書を交わすだけでは足りず（これは、通常、予約契約としての意味をもつことになります）、公証役場に行き、公証人に公正証書をつくってもらわなければ契約の効力が発生しないので、注意を要します。

コラム　民法改正と定期借家権

　今回の民法改正により、定期借家権だけが大きく変更することはありません。

　なぜならば、定期借家権とは期間の満了で終了し更新しないという契約類型であり、昭和16年の借家法の改正によりつくられた普通借家権（正当事由がなければ期間満了により終了せず、更新後の期間も法定される借家権）の例外として、平成11年に創設されたものです。いわば借地借家法（旧借家法）によりつくられた普通借家権（正当事由借家制度）に対するさらに例外的なものとして創設されているため、特別法である借地借家法（旧借家法）に対して、その一般法である民法の改正が直ちに影響するわけではないからです。

　しかし、「普通借家権と定期借家権ともに共通して影響するもの」があります。それは、①賃借人の修繕権（607条の２）、②賃貸人の地位の移転（605条の２）、③賃貸物件の一部を利用できなくなった場合（611条）、④原状回復（621条）、⑤敷金（622条の２）、および、⑥保証人についての極度額の記載（465条の２）の各条文です。

　これらのうち、④の原状回復や⑤の敷金については、従来の判例法理を明文化したものにすぎませんので、定期借家契約および普通借家契約ともに、従来からの取扱いに変更はありません。また、賃貸人の

地位の移転に関する605条の2第1項（賃貸人の地位の当然承継）、第3項（賃貸人の地位の移転を対抗するには登記が必要）および第4項（賃貸人の地位の移転に伴う敷金返還債務等の承継）についても同様です。

しかし、賃貸人の地位の留保について（605条の2第2項）と賃借人の修繕権（607条の2）については、過去の判例や考え方と異なり、新たなルールが制定されたものですので、この点については、普通借家・定期借家ともに、従来の取扱いが変更されることになります。

同様に、保証人の責任について、個人の根保証の場合には極度額を記載しなければならないとのルール（465条の2）についても、普通借家契約・定期借家契約ともに新しい規定なので、従来の取扱いが変更されることになります。

特に、定期借家契約の場合には普通借家契約と異なり、最初の契約で保証人となっていても、再契約の際に保証人としての記載がなければ保証人としての責任は発生しませんので（446条2項）、定期借家の場合には再契約をするたびごとに保証人に契約書に署名・押印をしてもらう必要があります。この点が普通借家契約とは大きく異なりますので、注意が必要です。

第1章　賃貸借関係　49

第 2 章

売買関係

1 瑕疵担保責任

1 総　　説

ア　現行民法

「売買」について瑕疵担保責任の規定があります（570条、566条）。

① 瑕疵担保責任の意義……瑕疵担保責任とは、売買契約の目的物に隠れた瑕疵がある場合に、売主が負う担保責任のことです。売買契約だけでなく、他の有償契約一般に準用されています（559条）。

② 瑕疵担保責任の内容

(a) 売買契約の目的物が契約の成立前から、その物として通常備えるべき品質・性能を欠いているとの欠陥がある場合（これを「原始的瑕疵」があるといいます）に、

(b) また、その欠陥が、買主に気づかれないものである場合（これを「隠れた瑕疵」といいます）に、

(c) 買主には、瑕疵がないと信じたことにより被った損害（これを「信頼利益」といいます）の賠償請求権が認められ、

(d) さらに、その瑕疵があることによって契約の目的を達成することができないときは、買主には契約の解除権が認められます。

(e) このような売主の責任は、特定物についてのみ法律が特に認めた無過失責任とされています。

以上の考え方を「法定責任説」といい、かつての通説でした。

③　法定責任説の根拠……法定責任説は、古民家などの特定物（その物の性質や形状などの個性が重視される物）の売買においては、その目的物を引き渡したことで、売買契約上の債務の履行は終わっているので、その後、目的物に原始的な隠れた瑕疵が見つかっても債務不履行にはならないという考え方（これを「特定物ドグマ」といいます）によるものです。債務不履行にはならないが、それでは買主の保護に欠けるので、特別に法律の規定を設けて買主の保護を図るという考え方です。また、債務不履行ではないので、修補などの追完を要求することも認められません（コラム「特定物ドグマ」参照）。

イ　改正法

担保責任について、「法定責任説」を否定して、「契約責任説」を採用しました。AB間で売買契約をしていたが、契約の内容が結果的に実現されていない場合は、特定物か不特定物かを問わず売主Aの債務不履行になります。売主は、契約で定められた内容を実現していないのですから、売主の債務不履行責任が、当然に問われることになるわけです。これを「契約責任説」といいます。つまり、契約不適合があれば、買主（債権者）は追完（修補）請求するか、損害賠償請求するか、また解除するということになります。

何のために契約をしたかというと、ひとえに、買主Bは建物を買って使うためであり、雨漏りがあったり土台が腐っていたら建物を使うことはできません。使えなければ契約の目的を達成していないので、Aは契約の目的に適合するように修繕することとし、このように、契約に適合していないものは、当事者（AB）の合意を優先して修補し、修補できなかったら損害賠償請求する、それでも足りなかったら契約を解除するという、きわめてシンプルな考え方である「契約責任

第2章　売買関係　53

説」となりました（なお、必ず「修補→損害賠償請求→解除」という順番で行わなければならないというわけではありません）。したがって、今後は、AB間の合意が何であったのかが非常に重要になります。すなわち、契約書に契約の目的等を十分に記載する必要が、以前よりもはるかに大きくなりました。

コラム　特定物ドグマ

　現行民法には、「売買」について瑕疵担保責任の規定がありますが（570条）、その背景として、「特定物ドグマ」という、いささか特殊な考え方がありました。

　ドグマとは、「教義」などといわれますが、いわば、こうあらねばならないという強い考え方や理念を指します。この理念からいろいろなものを導き出していきます。1つの概念が先にあって、その概念からいろいろな理論を抽出していくという考え方です。

　「古民家などの特定物の売買の場合、その目的物を引き渡した時点で完全に履行したことになり、引渡し後に欠陥が見つかっても債務不履行にはならない」と考えるので、欠陥などの「隠れた瑕疵」が見つかった場合には、買主に損害賠償請求または契約解除請求のみを認め、債務不履行の場合に認められる修補請求は認められないものとなります。

　このような考え方を特定物ドグマというのですが、その中身を見ていきましょう。

　まず、特定物という言葉があります。特定物とは、たとえば、通常の木造住宅で考えると、昔の大工や工務店が1軒1軒建てた住宅は1軒1軒違います。また、たとえば刀であれば、刀も1本1本違います。だれだれのつくった○○という銘の入っている刀は、世界で1本しかありません。このように、その物の性質や形状などの個性が重視

される物を特定物といいます。別名、不代替物ともいいます。

　それに対する物を代替物といいますが、代替物では個性は重視されないので、代替物には、かわりがあります。

　民法ができた明治時代にはプレハブ住宅はないので、住宅は全部違い、異なる個性を有しているので、それを売買し引き渡すと、債務は履行しているので債務不履行責任を問えないということになります。これに対して、債務の不履行とは、「何々をしてくれるといったのに、それが履行されない。完全な満足を与えてくれない」ということです。完全な満足を与えてくれないときは、修補などの追完を要求でき、それでも足りないときには損害賠償請求ができ、損害賠償でも足りないというときに、解除ができることになります。解除と同時に損害賠償もできる可能性がありますが、足りないので、まず足りないところを補ってくれということになります。これを追完といいます。完全な履行を求めるということです。

　追完は契約の態様によって違います。お金が足りなかったら、足りない金をよこせということになり、お金の支払が遅れていたら早く支払えということになります。物の性能が約束したレベルに達していなかったら、その足りない性能を補えということになります。

　しかし、たとえば中古の建物を買う場合は、その住宅の売買がされると、債務は履行されたことになります。ところが天井裏を見てみると、屋根に穴が開いていて水が漏ることがわかったとか、床下を覗いてみたらシロアリが土台を食っていて、土台を少し補強しなければならないことがわかったとか、耐震補強をする必要があるなど、もろもろの瑕疵（欠陥）のあることがわかることがあります。住宅を1,000万円で買ったが隠れた瑕疵があり、修繕費用は200万円かかるときに、債務不履行であれば、追完を要求できますが、特定物ドグマでは、債務は履行されていますから追完を要求できません。

　それでは、なぜ損害賠償請求と解除は認められるのかというと、ＡがＢに売って、Ｂが1,000万円支払っていたが隠れた瑕疵がマイナス

第2章　売買関係　55

200万円あり、200万円を払ってやらないとＢがかわいそうじゃない
か、というのが損害賠償です。200万円どころではなく、買った価値
がないということになると、契約の解除ということになります。これ
らのことを、Ｂの保護のために特別に法律で定めたのだと考える立場
を法定責任説といいます。このように買主の保護のために特別の責任
として損害賠償や解除を認めるという考え方を特定物ドグマというの
です。

　改正民法では特定物ドグマの考え方（売買における瑕疵担保責任）
が否定され、債務不履行の考え方で処理されることとなりました。

2 買主の追完請求権（新設）

ア 現行民法

特に、規定はありません。

イ 改正法（新しい考え方の規定です）

> **改正法第562条** 引き渡された目的物が種類、品質又は数量に関して契約の内容に適合しないものであるときは、買主は、売主に対し、目的物の修補、代替物の引渡し又は不足物の引渡しによる履行の追完を請求することができる。ただし、売主は、買主に不相当な負担を課するものでないときは、買主が請求した方法と異なる方法による履行の追完をすることができる。
>
> 2 前項の不適合が買主の責めに帰すべき事由によるものであるときは、買主は、同項の規定による履行の追完の請求をすることができない。

① 改正法562条1項では、引き渡された目的物が、種類、品質または数量に関して契約の内容に適合しないものであるときは、買主は売主に対し、目的物の修補や、代替物の引渡しや、不足分の引渡しなどによる履行の追完を請求することができることになりました。

 (a) すなわち、目的物が、特定物か不特定物であるかを問わず、債務不履行責任を問うことができるようになったのです。

 (b) また、いままでできないとされていた目的物の修補とか代替物

第2章 売買関係 57

の引渡しなどの追完ができることとし、その例を明記しました。

　(c)　そして、これらの追完請求については、目的物の修補を求める
のか、代替物の引渡しを求めるのかなどの選択権が、第一に買主
にあります。

②　しかし、買主がそれらの追完を要求したときに、それが売主に
とって過重な負担になることを避けるという趣旨のただし書があり
ます。

　ただし書は、売主は、買主に不相当な負担を課するものでないと
きは、買主が請求した方法と異なる方法による履行の追完をするこ
とができるものとしています。たとえば、買主が代替物の引渡しを
要求したが、修補できるのであれば、売主は、代替物の引渡しでは
なく修補で済ませることができるということです。買主が、「修補
では困る。どうしても代替物がほしい」と要求しても、修補するこ
とにより契約の目的を達成することができるのであれば、それは過
重な要求ということになります。

③　また、現行民法では「隠れた瑕疵」ということになっていました
が、改正法562条１項では、「隠れた」という点は削除されており、
隠れたものかどうか問題にしていません。

　かつて、判例は、隠れた瑕疵と認められるためには、買主が善
意・無過失でなければならないとしていました。すなわち瑕疵が表
に出ていれば、買主は問題のあることを認識していたわけですし
（これを、買主が悪意であったといいます）、あるいは、表に出ていな
くても認識可能であれば買主には過失があったのですから、買主
は、この責任を追及できないとしていました。

　しかし、今回の改正においては、売買契約を結ぶにあたって、売
主と買主が、目的物の品質や性状などを、どのようなものとしてと

らえていたのかが専ら問題となります。そして、そのうえで、売買
契約の履行として給付されたものが契約内容に適合しているかどう
かが判断されます。つまり、すべて契約に適合していたか否かの問
題に帰着するので、「隠れた」ものであるか否かを判断する必要は
ありません。さらに、「瑕疵」というなんらかの欠点を意味する概
念も、契約不適合といえば済んでしまうので、不要になったという
ことです。

④　改正法562条2項では、契約不適合が、売主ではなく買主の責め
に帰すべき事由による場合は、買主から追完請求することは相当で
ないので、できないものとしています。

第2章　売買関係　59

3 買主の代金減額請求権（新設）

ア 現行民法

　現行民法では、権利の一部の移転不能の場合（563条）と、数量を指示して売買をしたときに不足がある場合、および物の一部が契約をした時にすでに滅失していた場合（565条）に売買代金の減額請求を認めていましたが、それ以外の場合には、代金の減額請求を認めていませんでした。

イ 改正法（新たな考え方が加わった規定です）

　改正法第563条　前条第１項本文に規定する場合において、買主が相当の期間を定めて履行の追完の催告をし、その期間内に履行の追完がないときは、買主は、その不適合の程度に応じて代金の減額を請求することができる。
　2　前項の規定にかかわらず、次に掲げる場合には、買主は、同項の催告をすることなく、直ちに代金の減額を請求することができる。
　一　履行の追完が不能であるとき。
　二　売主が履行の追完を拒絶する意思を明確に表示したとき。
　三　契約の性質又は当事者の意思表示により、特定の日時又は一定の期間内に履行をしなければ契約をした目的を達成することができない場合において、売主が履行の追完をしないでその期間を経過したとき。

四　前３号に掲げる場合のほか、買主が前項の催告をしても履
　　　行の追完を受ける見込みがないことが明らかであるとき。
　3　第１項の不適合が買主の責めに帰すべき事由によるものであ
　　　るときは、買主は、前２項の規定による代金の減額の請求をす
　　　ることができない。

① 改正法では、563条により買主の代金減額請求の規定が新設され
　ました。
　　代金減額請求とは、売買代金が1,000万円のところ、契約不適合
　の部分が200万円あるから代金を800万円にするよう要求することで
　す。200万円相当の損害賠償請求権があるともいえるし、1,000万円
　の売買契約のうち契約の一部である200万円分は解除しているとし
　て代金の減額請求ができるとも考えられますが、一部解除と同じ機
　能を有しているものとして、要件は解除の場合と同じように規定さ
　れています。
② 目的物が、種類、品質または数量の点で契約不適合の場合には、
　買主が一定の期間を定めて催告し、その期間内に追完がないとき
　は、買主は不適合の程度に応じて代金の減額の請求ができます
　（563条１項）。
③ 履行の追完が不能等であるときは、催告しても意味がないので、
　買主は無催告で代金減額を請求することができます（563条２項）。
④ 買主に帰責事由があるときは、不公平になるので、買主は代金減
　額を請求できません（563条３項）。

ウ　実務上の注意点

　現行民法では、数量不足の場合しか代金減額請求が認められません

でしたが、今回の改正により種類や品質の不適合の場合も代金の減額請求が認められました。

その結果、買主は、追完を請求できる、損害賠償請求もできる、解除もできるが、損害賠償と解除の一種の変形として代金の減額請求もできるとして、いろいろな選択肢をとることができることになりました。売主も、買主にとってのマイナスがなければ、複数の選択肢で反応することができます。

そうすると、不動産の売買契約を整理していくのは相当大変なことになります。不動産の売買契約では特約をいくつも結ぶことになります。「売買の目的は○○なので、設備・仕様は別表のとおりとします」「不具合が生じたときの修補はこのやり方にします」「追完の方法としては修補以外にこれとこれだけ認めます」「いついつまでに修補してくれなければ契約を解除します」「代金減額請求をするためには、受領後何日以内に不適合等の内容を通知してください」という特約を記載することになってきます。

いままでの不動産売買契約でも引渡時期、支払方法、決済の仕方や、ローン特約などがありましたが、それ以上に、トラブルが起きたときの対応の仕方をいろいろ決めておく必要が出てきます。

4 損害賠償の請求および契約の解除（新設）

ア　現行民法

特に、規定はありません。

イ　改正法（新たな考え方が加わった規定です）

改正法第564条　前2条の規定は、第415条の規定による損害賠償の請求並びに第541条及び第542条の規定による解除権の行使を妨げない。

---

① 　売主の引き渡した物が、種類、品質または数量の点で契約不適合であるときは、買主は、(a)追完請求だけでなく、さらに、(b)損害賠償請求、および、(c)契約の解除もできることが明記されました。

② 　415条に基づく損害賠償請求ができると定めていることは、すなわち、債務不履行責任となるということですから、契約責任説を採用したことを示しています。

第2章　売買関係　63

5 移転した権利が契約不適合の場合の 売主の責任等（新設）

ア　現行民法

特に、規定はありません。

イ　改正法（新しい考え方の規定です）

> **改正法第565条**　前3条の規定は、売主が買主に移転した権利が
> 契約の内容に適合しないものである場合（権利の一部が他人に
> 属する場合においてその権利の一部を移転しないときを含む。）
> について準用する。

① 売買の目的が権利の場合も、移転した権利に契約不適合があれば
債務不履行となり、562条〜564条の規定が準用されます（契約責任
説）。権利の一部が他人に属する場合で、その権利の一部を移転し
ないときも含みます。

② 本条の適用のある場合とは、(a)売買の目的物の上に地上権や永小
作権が存在する場合や（現行民法566条1項）、(b)売買の目的不動産
についての敷地の利用権（地上権や賃借権）が存在していなかった
場合（同条2項）および、(c)売買の目的不動産について登記をした
賃借権があった場合（同項）などです。

③ 「権利の全部が他人に属する場合」は、単なる債務不履行として
一般法理によることになります。

6 買主の権利の期間の制限（新設）

ア 現行民法

　いくつかの担保責任の規定で1年の除斥期間が設けられています（たとえば、現行民法570条が準用する同法566条3項など）。

イ 改正法（新しい考え方の規定です）

> **改正法第566条** 売主が種類又は品質に関して契約の内容に適合しない目的物を買主に引き渡した場合において、買主がその不適合を知った時から1年以内にその旨を売主に通知しないときは、買主は、その不適合を理由として、履行の追完の請求、代金の減額の請求、損害賠償の請求及び契約の解除をすることができない。ただし、売主が引渡しの時にその不適合を知り、又は重大な過失によって知らなかったときは、この限りでない。

① 買主が、種類または品質に関する契約不適合を「知った時から」1年以内にその旨を売主に対して「通知」しないときは、追完請求権や代金減額請求権や損害賠償請求権などの権利を失うことになります（失権。566条本文）。

② ただし、失権の規定は売主保護のためなので、売主に悪意・重過失がある場合は例外となります（566条ただし書）。

③ 種類または品質に限られており、「数量」が含まれていない点に注意が必要です。

第2章　売買関係　65

数量不足の場合には、566条に含まれず、消滅時効の一般規定で判断されることになります。

　すなわち、買主が、契約不適合を知った時（これを時効における「主観的起算点」といいます）から5年間で、権利を行使することができる時（これを時効における「客観的起算点」といいます）から10年間で、消滅時効にかかることになります（改正法166条1項）。

7 目的物の滅失等に関する危険の移転（新設）

ア 現行民法

特に、規定はありません。

イ 改正法 （新しい考え方の規定です）

改正法第567条　売主が買主に目的物（売買の目的として特定したものに限る。以下この条において同じ。）を引き渡した場合において、その引渡しがあった時以後にその目的物が当事者双方の責めに帰することができない事由によって滅失し、又は損傷したときは、買主は、その滅失又は損傷を理由として、履行の追完の請求、代金の減額の請求、損害賠償の請求及び契約の解除をすることができない。この場合において、買主は、代金の支払を拒むことができない。

2　売主が契約の内容に適合する目的物をもって、その引渡しの債務の履行を提供したにもかかわらず、買主がその履行を受けることを拒み、又は受けることができない場合において、その履行の提供があった時以後に当事者双方の責めに帰することができない事由によってその目的物が滅失し、又は損傷したときも、前項と同様とする。

① 危険負担の問題（567条1項）

(a) 特定物売買において、売買の目的物が引き渡された後に当事者

双方の責めに帰することができない事由によって滅失・損傷した場合、買主は履行の追完請求、代金の減額請求、損害賠償請求および解除ができないし、代金の支払を拒絶することもできません。危険は買主に移転しているからです（567条1項）。

(b) 半面、売主の責めに帰すべき事由がある場合には、買主が権利主張をすることができます（567条1項）。

(c) 不特定物の場合には、適合性がないときには「特定」がないので、567条1項の適用はなく、債務不履行責任の問題となります。

② 買主が受領遅滞をしているときに同じ事態が生じた場合も同様です（567条2項）。

8 競売における担保責任等

ア 現行民法

「強制競売」の場合に目的物に隠れた瑕疵があるときは、買受人は、瑕疵担保責任の追及として、債務者に対して、契約の解除、または代金の減額を請求することができることとされていました（568条1項）。

イ 改正法（新たな考え方が加わった規定です）

> **改正法第568条** 民事執行法その他の法律の規定に基づく競売（以下この条において単に「競売」という。）における買受人は、第541条及び第542条の規定並びに第563条（第565条において準用する場合を含む。）の規定により、債務者に対し、契約の解除をし、又は代金の減額を請求することができる。
>
> 2・3 （略）
>
> 4 前3項の規定は、競売の目的物の種類又は品質に関する不適合については、適用しない。

① 568条1項
 (a) 強制競売が競売一般に拡大されました（568条1項）。
 (b) 競売の目的物に数量不足や移転した権利に不適合がある場合は、買受人は債務者に対し、契約の解除（改正法541条、催告による解除。同法542条、催告によらない解除）または、代金減額請求

第2章 売買関係 69

（改正法563条）ができます。

　(c)　競売には、債務者による「履行の追完」ということはありませんので、改正法562条は競売には適用されません。

②　買受人の代金返還請求権など（568条2項・3項）については、改正はありません。

③　568条4項が新設されました。

　競売の目的物の種類または品質に関する不適合については、568条1項〜3項の規定は適用されず、債務者または債権者は責任を負わないこととされました。

　すなわち、現行民法570条ただし書の規定を実質的に維持したものとされています。

　その理由は、そもそも競売は債務者の意思に基づいて行われるものではないこと、および、債権者は、競売の目的物の性状や権利内容を知らないのが通常だからです。

2 危険負担

ア 現行民法

① 危険負担とは、売買等の双務契約が成立した後に、債務者の責めに帰することができない事由により目的物が滅失して履行不能になってしまったときに、それと対価的関係にある反対債務も消滅するのか否かについての考え方のことですが、債権者主義と債務者主義があります。

② 現行民法では、原則として、債務者主義がとられていました（536条）。債務者主義とは、売主（引渡請求権の債務者）の債務が履行不能により消滅した場合に、その反対債務である買主（引渡請求権の債権者）の債務（代金支払債務）も消滅するというものです。すなわち、履行不能という危険は債務者である売主が負担し、代金は請求できません。

③ しかし、例外として、特定物の売買の場合は債権者主義がとられていました（534条）。債権者主義とは、売主の引渡債務が消滅した

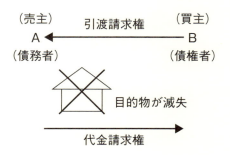

場合に、その反対債務である買主の代金支払債務は消滅しないというものです。すなわち、目的物の引渡しに関する危険は債権者である買主が負担し、買主は代金を支払わなければなりません。

イ　改正法（現行民法の内容を変更したものです）

改正法第536条　当事者双方の責めに帰することができない事由によって債務を履行することができなくなったときは、債権者は、反対給付の履行を拒むことができる。

2　債権者の責めに帰すべき事由によって債務を履行することができなくなったときは、債権者は、反対給付の履行を拒むことができない。この場合において、債務者は、自己の債務を免れたことによって利益を得たときは、これを債権者に償還しなければならない。

---

① 現行民法534条と535条は削除され、特定物についての債権者主義は否定されました。
② 従来から、不動産取引の実務では特約を結んで、債権者主義の原則を逆にして、買主の代金債務もなくなることとしていました。すなわち、債務者主義であり、引渡債務の債務者である売主が危険を負担し、売主は代金を請求できないということです。

　今回の民法改正では、債権者主義の規定（534条）を削除し、特約によって原則と例外を逆転させていた不動産実務と同様にし、債務者主義を採用しました（536条）（なお、コラム「危険負担の債権者主義と債務者主義」参照）。
③ また、現行民法の危険負担では、目的物が消滅すると代金債務も

消滅するという規定の仕方でしたが、今回の改正では、目的物が消滅したら買主は代金債務の履行を拒絶できるという考え方になっています。

別な言い方をすると、売主と買主との間で債権債務関係は消滅しないということです。

このような債権債務関係を消滅させたいときは、買主は、売買契約を解除しなければならないことになりました。

なお、売主に帰責事由がなく履行不能となった場合でも、買主は契約を解除することができるようになりました（改正法542条1項1号）。

コラム　危険負担の債権者主義と債務者主義

危険負担については、債権者主義と債務者主義があります。

Aが目的物を売り、Bが目的物を買うという売買契約を結ぶと、BはAに対して目的物を引き渡せという債権を有しています。また、AはBに対して目的物を引き渡す債務を負担します。半面、AはBに代金を払えという債権をもっていて、Bは代金支払債務を負担しているということになります。

引渡しと代金の決済を1カ月後にする売買契約を締結して、その後、AとBのどちらの責めにも帰すことができない理由により、たとえば、地震で目的物が滅失し、引渡しの債務は履行不能になりました。このときに、この危険はどちらが負担するのかというのが危険負担の問題です。つまり、Bは代金を支払う必要があるのか、支払う必要はないのかということです。

第2章　売買関係　73

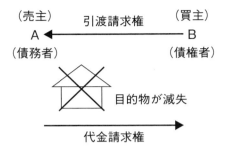

　現行民法は、一方の債務が消滅すれば、他方も消滅するのが公平ということで、原則として債務者主義を採用していますが（536条）、不動産などの特定物については債権者主義を採用しています。

　債権者主義とは、目的物の引渡債務が消滅する場合、消滅したときの危険は、その債務の債権者である買主のBが負担するというものです。つまり、買主のBは代金を支払わなければならないということです。しかし、これはおかしな話です。買主のBは目的物を取得できないのに代金を支払うのですから、不公平です。

　そこで、不動産取引の実務では、特約を結んで、原則と逆にBの代金支払債務もなくなることとしています（これが債務者主義であり、引渡請求権の債務者である売主が危険を負担するということです）。

　今回の民法改正では、債権者主義の規定（534条）を削除し、特約によって原則と例外をひっくり返していた不動産実務を追認しました。ということは、もともと、不動産などの特定物についての534条の債権者主義が間違っていたことになります。

　ところで、民法が債権者主義を採用していた理由は何でしょうか。

　そもそも危険負担というのは、ある人の支配下にあるものについて何かトラブルが起きたときは、その結果はその人に責任を負わせようという考え方のことです。その人の支配下にまだその物が入ってきていないときは、まだその物についての危険がその人に移転してきていないということになります。

　明治時代につくられた民法では、どうして特定物については、売買

契約をすると、引渡しを行っていないのに、目的物の危険（支配）が買主（Ｂ）に移転するという規定になっているのでしょうか。

答えは、現行民法176条と177条にあります。

不動産について、二重譲渡があったとき、たとえば、ある不動産をＡがまずＢに売り、次にＡがＣに売ったときに、ＢとＣ、どちらが先に所有権を取得しますか。Ｃが後で買っても先に登記すればＣが勝ちます（Ｃが所有権を取得します）。これはフランス民法の考え方で、これを意思主義・対抗要件主義といいます。売買契約は債権関係なので、二重に行うことができるのです。そのときに物権である不動産の所有権は、Ｃがいないときでも、意思主義によってＡからＢに移転するのですが（176条）、Ｃが出てくると、Ｃにも観念的に移転することとなり、最終的にはＢとＣとで先に登記をしたほうが完全な所有権を取得することになります（177条）。

これに対して、ドイツでは、移転登記をしない限り所有権は移転しません。ドイツでは二重売買は起きないのです。ＡＣ間で売買契約を結んでも、登記を移転しない限りは所有権が移転しません。これを形式主義といいます。

日本では、フランス民法の考え方のもとに二重譲渡において先に登記を移転したほうが完全な所有権を取得するとの不完全物権変動理論が唱えられました。物権変動はあるが不完全だった、登記を移転することによって完全な所有権移転が生ずるとするのが有力説でした（民法の大家である我妻榮先生の説です）。

以上のように、この点について、わが国はフランス民法の考え方をとっており、フランス民法では、ＡＢ間の売買契約をした段階で、観念的にＡからＢに所有権が移転します。不動産の支配がＢのもとに移転しているということです。したがって、売買における危険も、売買契約をした段階でＡからＢに移転していると考えられたのです。

しかし、不動産取引の実務（現場）では、売買代金と引き換えに登記も売主から買主に移しますし、そうなってはじめて所有権もＡから

第２章　売買関係　75

Ｂに移転するというのが一般的な感覚なので、今回の改正では民法534条は削除して、引渡しができなくなったらＢの代金債務も消滅するものとしたのです。

これが危険負担における大改正ということになります。

3 その他

1 履行不能の場合の債務不履行責任等について （新設）

ア 現行民法

　現行民法には、履行不能に関する明確な規定はありませんでしたが、履行が不能な場合も債務不履行となり、損害賠償請求および解除の対象となると解釈されていました。

イ 改正法 （新たな考え方が加わった規定です）

改正法第412条の2　　債務の履行が契約その他の債務の発生原因
　及び取引上の社会通念に照らして不能であるときは、債権者
　は、その債務の履行を請求することができない。
2　契約に基づく債務の履行がその契約の成立の時に不能であっ
　たことは、第415条の規定によりその履行の不能によって生じ
　た損害の賠償を請求することを妨げない。

改正法第413条の2　　債務者がその債務について遅滞の責任を
　負っている間に当事者双方の責めに帰することができない事由
　によってその債務の履行が不能となったときは、その履行の不

第2章　売買関係　77

能は、債務者の責めに帰すべき事由によるものとみなす。

2　債権者が債務の履行を受けることを拒み、又は受けることが
できない場合において、履行の提供があった時以後に当事者双
方の責めに帰することができない事由によってその債務の履行
が不能となったときは、その履行の不能は、債権者の責めに帰
すべき事由によるものとみなす。

① まず、履行不能についての明文規定が置かれ、意義と効果が明確
にされました。すなわち、履行不能とは、「債務の履行が契約その
他の債務の発生原因及び取引上の社会通念に照らして不能であると
き」とされました（意義。412条の2第1項）。

　また、その場合には、「債権者は、その債務の履行を請求するこ
とができない」とされました（効果。412条の2第1項）。

　さらに、債務の履行が不能か否かは、「契約その他の債務の発生
原因及び取引上の社会通念に照らして不能であるとき」か否かによ
り判断されることとなりました。「契約その他の債務の発生原因及
び取引上の社会通念に照らして」判断されることとされているの
は、契約内容を確定するに際して、債権者の主観的意思（主観的事
情）だけではなく、契約の性質（有償か無償かを含む）、当事者が契
約をした目的、契約の締結に至る経緯やその他の取引をめぐるいっ
さいの客観的事情を考慮して、履行不能か否かが決まるということ
です。

② 次に、契約成立時から不能（これを「原始的不能」といいます）で
あった場合には、債権者は、415条の規定により履行利益の損害賠
償請求ができることとされました（412条の2第2項）。

　これに対して、現行民法では、原始的不能の場合は契約は無効と

なりますが、債務者は「信頼利益（契約が有効であると考えて支出した費用）」についてのみ損害賠償責任を負うこととされています。いわゆる「契約締結上の過失」の問題です。

　たとえば、A（売主）とB（買主）との間で、A所有の建物をBに売るとの売買契約を締結したのですが、建物は契約の締結前にすでに火事により焼失していたという場合に、買主Bは、売主Aに対し、その建物を取得できるものと考えて支出した費用（たとえば、登記を移転することを司法書士に依頼し、司法書士がそのための調査等を行うことにより発生した費用等の「信頼利益」）だけを損害賠償請求できるにすぎません（なお、この点につき、序章「今回の民法改正の方向について」参照）。

③　また、債務者が履行を遅滞しているときに履行不能になった場合において、履行不能となったのが当事者双方の責に帰すことができない事由によるものであるときは、その不能は債務者の責に帰すべき事由によるものとみなされることとなりました（みなし規定。413条の2第1項）。つまり、債権者は損害賠償請求できます。

④　債権者が履行の受領を拒んだりした受領遅滞中に履行不能になった場合に、それが当事者双方の責に帰すことができない事由によるものであるときは、その不能は債権者の責に帰すべき事由によるものとみなされます（みなし規定。413条の2第2項）。

　その結果、債権者は、契約の解除はできません（543条）。また、債務者の反対給付請求を拒めません（536条2項）。

第2章　売買関係　79

2 債務不履行による損害賠償

ア 現行民法

現行民法の規定は、以下のとおりです。

> **現行民法第415条** 債務者がその債務の本旨に従った履行をしないときは、債権者は、これによって生じた損害の賠償を請求することができる。債務者の責めに帰すべき事由によって履行をすることができなくなったときも、同様とする。

　債務者が債務の本旨に従った履行をしないときは、債権者は、損害賠償請求をすることができます（415条前段）。

　履行不能のときも同様です（415条後段）。

イ 改正法（現行民法を修正した規定です）

これに対し、改正法は以下のとおりです。

> **改正法第415条** 債務者がその債務の本旨に従った履行をしないとき又は債務の履行が不能であるときは、債権者は、これによって生じた損害の賠償を請求することができる。ただし、その債務の不履行が契約その他の債務の発生原因及び取引上の社会通念に照らして債務者の責めに帰することができない事由によるものであるときは、この限りでない。
> 2　前項の規定により損害賠償の請求をすることができる場合に

おいて、債権者は、次に掲げるときは、債務の履行に代わる損害賠償の請求をすることができる。

一　債務の履行が不能であるとき。

二　債務者がその債務の履行を拒絶する意思を明確に表示したとき。

三　債務が契約によって生じたものである場合において、その契約が解除され、又は債務の不履行による契約の解除権が発生したとき。

① 　まず、現行民法415条の前段と後段の規定を統合しました（415条1項本文）。

② 　次に、債務の不履行が債務者の責に帰することができない事由によるときは、債務者は免責されることとなりました（415条1項ただし書）。

帰責事由については、「契約その他の債務の発生原因及び取引上の社会通念に照らして」判断されることとなりました（415条1項ただし書）。すなわち、契約の場合には、免責の可否は契約の趣旨に照らして判断されるのであり、「帰責事由＝過失」ということを意味しないこととなりました。つまり、過失責任の原則は否定されました（潮見佳男『民法（債権関係）改正法の概要』68頁）。

その結果、従来の「履行補助者の（故意）・過失」の問題も、履行補助者の行為が、契約および取引上の社会通念に照らして債務者の責に帰すべき事由に当たると判断されるか否か（評価）の問題とされることになりました（潮見佳男『民法（債権関係）改正法の概要』69頁）。

すなわち、免責されるレベルに達しているか否かの判断の一要素になるということです。

第2章　売買関係　81

3 法定利率

ア 現行民法

現行民法では、法定利率は年5分とされていました（404条）。

イ 改正法（現行民法の考え方が変更されました）

改正法の規定は以下のとおりです。

改正法第404条 利息を生ずべき債権について別段の意思表示が
ないときは、その利率は、その利息が生じた最初の時点におけ
る法定利率による。

2　法定利率は、年3パーセントとする。

3　前項の規定にかかわらず、法定利率は、法務省令で定めると
ころにより、3年を一期とし、一期ごとに、次項の規定により
変動するものとする。

4　各期における法定利率は、この項の規定により法定利率に変
動があった期のうち直近のもの（以下この項において「直近変
動期」という。）における基準割合と当期における基準割合と
の差に相当する割合（その割合に1パーセント未満の端数があ
るときは、これを切り捨てる。）を直近変動期における法定利
率に加算し、又は減算した割合とする。

5　前項に規定する「基準割合」とは、法務省令で定めるところ
により、各期の初日の属する年の6年前の年の1月から前々年
の12月までの各月における短期貸付けの平均利率（当該各月に

おいて銀行が新たに行った貸付け（貸付期間が1年未満のものに限る。）に係る利率の平均をいう。）の合計を60で除して計算した割合（その割合に0.1パーセント未満の端数があるときは、これを切り捨てる。）として法務大臣が告示するものをいう。

① 利率が高すぎたため、現行民法の年5分から年3％とされました（404条2項）。

② また、3年ごとに法務省令で定める割合により変動することとされました（404条3項以下）。

ウ 実務上の注意点

中間利息の控除の場合（改正法417条の2）や、損害賠償額などに影響することになります。

もちろん特約は有効ですので（特約がなければ法定利率によることになります）、法定利率では足りないと考えられる場面では、従来と同様に特約で利率を定めておくことになるでしょう（これを「約定利率」といいます）。

たとえば、賃貸借契約や売買契約などにおいて、債務者が金銭の支払債務の履行を怠ったときは法定利率よりも高い利率の特約を定めておくことにより、債務の不履行を防止することが考えられます。

第2章 売買関係 83

4 催告による契約の解除

ア　現行民法

　現行民法では、履行遅滞等による解除権として541条が以下のように規定していました。

> **現行民法第541条**　当事者の一方がその債務を履行しない場合において、相手方が相当の期間を定めてその履行の催告をし、その期間内に履行がないときは、相手方は、契約の解除をすることができる。

イ　改正法（現行民法を修正した規定です）

> **改正法第541条**　当事者の一方がその債務を履行しない場合において、相手方が相当の期間を定めてその履行の催告をし、その期間内に履行がないときは、相手方は、契約の解除をすることができる。ただし、その期間を経過した時における債務の不履行がその契約及び取引上の社会通念に照らして軽微であるときは、この限りでない。

① 　基本的には現行民法の規定と同様ですが、ただし書が追加されました。

　すなわち、(a)債務者に履行遅滞があるときは、債権者が相当の期

間を定めて催告し、その期間内に履行がないときは契約が解除できることとされたのですが（原則）、(b)「債務の不履行がその契約及び取引上の社会通念に照らして軽微であるときは、」契約の解除ができないこととされたのです（例外）。

② 　上記のただし書（例外）の規定は、過去の判例（付随的な債務の不履行にすぎない場合は解除できないとする最判昭和36年11月21日。数量的にわずかな部分の不履行の場合は解除できないとする大判昭和14年12月13日など）を明文化したものです。

③ 　不履行が軽微であるか否かは、「契約及び取引上の社会通念に照らして」判断されることになります。

④ 　なお、現行民法では、解除をするには「債務者に帰責事由があること」が要件とされていましたが（現行民法543条ただし書。541条、542条についても同様と解釈されていました）、改正法では要件とされないこととなりました（現行民法543条ただし書は削除されました）。

　この理由は、「債務不履行による解除」の制度を、「債務者に対して債務不履行責任を追及するための制度（現行民法）」ではなく、「債権者を契約の拘束力から解放するための制度」ととらえることにしたからです。

第2章　売買関係　85

5 催告によらない契約の解除

ア 現行民法

① 定期行為の履行遅滞による解除権（542条）と、履行不能による解除権（543条）の2種類とし、無催告解除を認めていました。

② 「定期行為」とは、「契約の性質又は当事者の意思表示により、特定の日時又は一定の期間内に履行をしなければ契約をして目的を達することができない場合」のことを指します（542条）。

③ 履行不能に関する543条ただし書で、債務者に帰責事由があることが解除の要件とされ、この点についての明文の規定のない541条と542条についても同様に解されていました。

イ 改正法（現行民法を修正した規定です）

> **改正法第542条** 次に掲げる場合には、債権者は、前条の催告をすることなく、直ちに契約の解除をすることができる。
>
> 一 債務の全部の履行が不能であるとき。
>
> 二 債務者がその債務の全部の履行を拒絶する意思を明確に表示したとき。
>
> 三 債務の一部の履行が不能である場合又は債務者がその債務の一部の履行を拒絶する意思を明確に表示した場合において、残存する部分のみでは契約をした目的を達することができないとき。
>
> 四 契約の性質又は当事者の意思表示により、特定の日時又は

一定の期間内に履行をしなければ契約をした目的を達するこ
　　　とができない場合において、債務者が履行をしないでその時
　　　期を経過したとき。
　五　前各号に掲げる場合のほか、債務者がその債務の履行をせ
　　　ず、債権者が前条の催告をしても契約をした目的を達するの
　　　に足りる履行がされる見込みがないことが明らかであると
　　　き。
2　次に掲げる場合には、債権者は、前条の催告をすることな
　く、直ちに契約の一部の解除をすることができる。
　一　債務の一部の履行が不能であるとき。
　二　債務者がその債務の一部の履行を拒絶する意思を明確に表
　　　示したとき。

① 現行民法では542条と543条の2つの条文がありましたが、改正法
では542条の1つに統合して無催告解除の場合を定めています。

② 債務者に帰責事由のあることは解除の要件ではなくなりました
（現行民法543条ただし書は削除されました）。

③ 以下の場合に無催告による契約の全部解除が認められます（改正
法542条1項）

(a) 債務全部の履行不能を理由とする解除（同項1号）

(b) 債務者が明確な履行拒絶の意思を表示した場合の解除（同項2
号）

(c) 債務の一部の履行不能または一部の履行拒絶により、残存部分
のみでは契約目的の達成が不可能な場合の解除（同項3号）

(d) 定期行為において履行がない場合の解除（同項4号）

(e) 前各号（(a)～(d)）に該当しないが、債権者が催告をしても契約

第2章　売買関係　87

目的達成に足りる履行がなされる見込みのないことが明らかな場合の解除（同項5号）

（f）以上の(a)〜(e)は、いずれも、債務不履行により契約目的の達成が不可能となったと評価される場合です。

④　無催告による一部解除（改正法542条2項）

債務の一部の履行不能または一部の履行拒絶があった場合は、債権者が無催告で契約の一部を解除できます。

4 買 戻 し

ア 現行民法

① 買主は、支払った代金および契約の費用を返還して元の売買契約を解除することができることとされていました。
② また、この規定は強行規定であると解釈されていましたので、当事者間で買戻しの代金として元の売買代金と異なる合意をしても無効とされていました。

イ 改正法（現行民法を修正した規定です）

改正法第579条 不動産の売主は、売買契約と同時にした買戻しの特約により、買主が支払った代金（別段の合意をした場合にあっては、その合意により定めた金額。第583条第1項において同じ。）及び契約の費用を返還して、売買の解除をすることができる。この場合において、当事者が別段の意思を表示しなかったときは、不動産の果実と代金の利息とは相殺したものとみなす。

---

① 若干の修正がされ、カッコ書が加わりました。
② これにより、売主と買主の両者の合意があれば、合意で定めた金額で買い戻すことができることとなりました。すなわち、579条は任意規定とされたのです（コラム「原則と例外」参照）。

第2章 売買関係 89

ウ　実務上の注意点

　今回の改正により、買戻しの金額を自由に定められることになりましたので、将来の不動産価格の動向などを探りながら、よりきめ細かな検討をして買戻しの金額を決めることになると思われます。

参考資料

賃貸住宅標準契約書（国土交通省）についての解説

国土交通省のホームページに載っている標準契約書を参考にして、民法改正の影響を考えてみましょう。

※1．第3条（使用目的）

「契約の目的」はいままで以上に重要な要素となるので、明記することが必要です。賃貸借契約の場合、住居・店舗・事務所（オフィス）、倉庫などがありますが、特に、店舗の場合には、物販と生ゴミの出る飲食とでは違いますし、物販のなかでも何を売るかにより建物の使用方法等に大きな違いが出るので、注意が必要です。

※2．第6条（敷金）

ほとんどすべて、従来の判例法理の内容であり、したがって改正法622条の2の内容と同様です（本文36頁以下参照）。

※3．第9条（契約期間中の修繕）（本文19頁以下参照）

① 第1項は、現行民法606条と改正法の同条ただし書の内容が記載されています。

② 第2項は、実務においてよく記載される内容ですが、賃借人の修繕の義務の履行について賃貸人と賃借人の間の調整を図る規定です。

③ 第3項は、実質的に改正法607条の2（賃借人の修繕権）の規定を先取りするものです。

「別表4（※8）」の修繕とは、小修繕を指しますので、民法改正後に行うべき特約の一例といってもよいと思います（本文19頁以下参照）。

さらに、「賃借人がこれ以上の修繕をしたいときは、賃貸人にその旨を申し入れ、協議することを要する。」などと特約することが考えられます。

※4．賃借物が全部減失した場合の規定です。今回の民法改正で判例法理が明文化されました（改正法616条の2）。

※5．第14条（原状回復）（本文32頁以下参照）

①　第1項は、従来の判例法理の内容であり、したがって、改正法の
621条の内容とほぼ同様です。

②　第2項は、(a)原状回復についての特約を定めた場合のこと、およ
び、(b)「別表5（※9）」の内容および方法について協議することを定
めています。

　(a)については、「原状回復の特約」ですので第18条に定めることに
なりますが、通常損耗や経年変化によるものについて賃借人の負担と
する場合には、甲乙間で明確に合意されていることが必要です（本文
32頁以下参照）。

※6．第16条（連帯保証人）(本文40頁以下参照)

①　個人の根保証になりますので、改正法が施行された後は、極度額の
記載が必要になります。たとえば、「……、本契約から生じる乙の
いっさいの債務のうち極度額として金200万円を負担するものとす
る。」などと記載することが考えられます。

②　また、改正法448条2項との関係で、以下のようにすることが考え
られます。すなわち、改正法の規定は、主債務の内容が加重されても
保証債務には影響しないというものですが、この規定があっても、賃
料や共益費等が増額された場合には、保証人の責任が及ぶことを明確
にするために、たとえば「なお、改定等により賃料・共益費等が増額
された場合も含むものとする。」などと、末尾に追加して記載するな
どです。

※7．第18条（特約）

　各条文中に記載したもののほか、特約として以下のようなのものが考
えられます。

①　（賃借物の一部滅失の場合）

　賃借人は、賃貸物件に一部滅失した部分を発見した場合には、直ち
に賃貸人に通知するものとし、通知を受けた賃貸人は、賃借人と一部
滅失の割合について協議し、その割合を確定するものとする。賃借人

参考資料　93

が、上記の通知をしなかった場合には、賃借人は、通知以前の賃料について減額を主張し得ないものとする（本文27頁以下参照）。

② （遅延損害金など）

(a) 「賃借人が賃料等の支払を怠ったときは年14.6％の割合による遅延利息を支払う」という趣旨の規定が考えられます。

(b) 「賃借人が建物の明渡しを遅滞したときは、賃料の２倍相当の損害金を期間の満了時から明渡済みとなるまで支払う」旨の特約が考えられます。

この特約は、通常、第13条に、第３項としてつけられることになります。

※８．別表第４

小修繕の内容が記載されています。

※９．別表第５

国土交通省の「原状回復をめぐるトラブルとガイドライン」の内容を記載したものです。

※10．原状回復の特約の定めです（本文32頁以下参照）。

当事者間で明確に合意されていることが必要ですので、特に、丁寧に記載する必要があります。

※11．連帯保証人の署名・押印欄です（本文40頁以下参照）。

特に、定期借家契約の場合は、契約ごとに保証人の署名・押印が必要となりますので注意が必要です。

賃貸住宅標準契約書（改訂版）

※平成 5 年 1 月29日住宅宅地審議会答申を受け、国土交通省が作成した賃貸借契約書の雛形（平成24年 2 月改訂版）です。国土交通省ホームページ（http://www.mlit.go.jp/index.html）よりダウンロードが可能です。

頭　　書

(1)　賃貸借の目的物

<table>
<tr><td rowspan="4">建物の名称・所在地等</td><td colspan="2">名　称</td><td colspan="5"></td></tr>
<tr><td colspan="2">所在地</td><td colspan="5"></td></tr>
<tr><td rowspan="2">建て方</td><td>共同建
長屋建
一戸建
その他</td><td>構　造</td><td colspan="2">木　造
非木造（　　　　　　　　）</td><td colspan="2">工事完了年</td></tr>
<tr><td>戸　数</td><td colspan="2">階建
　　　　　　　戸</td><td colspan="2">　　　　　　　年
〔大規模修繕を
（　　）年実施〕</td></tr>
<tr><td rowspan="24">住戸部分</td><td colspan="2">住戸番号</td><td>号室</td><td>間取り</td><td colspan="3">（　　　　）LDK・DK・K／ワンルーム／</td></tr>
<tr><td colspan="2">面　積</td><td colspan="5">㎡　（それ以外に、バルコニー　　　　　　㎡）</td></tr>
<tr><td rowspan="16">設備等</td><td colspan="3">トイレ</td><td colspan="3">専用（水洗・非水洗）・共用（水洗・非水洗）</td></tr>
<tr><td colspan="3">浴室</td><td colspan="3">有・無</td></tr>
<tr><td colspan="3">シャワー</td><td colspan="3">有・無</td></tr>
<tr><td colspan="3">洗面台</td><td colspan="3">有・無</td></tr>
<tr><td colspan="3">洗濯機置場</td><td colspan="3">有・無</td></tr>
<tr><td colspan="3">給湯設備</td><td colspan="3">有・無</td></tr>
<tr><td colspan="3">ガスコンロ・電気コンロ・IH調理器</td><td colspan="3">有・無</td></tr>
<tr><td colspan="3">冷暖房設備</td><td colspan="3">有・無</td></tr>
<tr><td colspan="3">備え付け照明設備</td><td colspan="3">有・無</td></tr>
<tr><td colspan="3">オートロック</td><td colspan="3">有・無</td></tr>
<tr><td colspan="3">地デジ対応・CATV対応</td><td colspan="3">有・無</td></tr>
<tr><td colspan="3">インターネット対応</td><td colspan="3">有・無</td></tr>
<tr><td colspan="3">メールボックス</td><td colspan="3">有・無</td></tr>
<tr><td colspan="3">宅配ボックス</td><td colspan="3">有・無</td></tr>
<tr><td colspan="3">鍵</td><td colspan="3">有・無　（鍵No.　　　　　　・　　　本）</td></tr>
<tr><td colspan="3"></td><td colspan="3">有・無
有・無</td></tr>
<tr><td colspan="3">使用可能電気容量</td><td colspan="3">（　　　　　　）アンペア</td></tr>
<tr><td colspan="3">ガス</td><td colspan="3">有（都市ガス・プロパンガス）・無</td></tr>
<tr><td colspan="3">上水道</td><td colspan="3">水道本管より直結・受水槽・井戸水</td></tr>
<tr><td colspan="3">下水道</td><td colspan="3">有（公共下水道・浄化槽）・無</td></tr>
<tr><td colspan="2" rowspan="7">附属施設</td><td colspan="2">駐車場</td><td>含む・含まない</td><td colspan="2">＿＿＿＿台分（位置番号：　　　　）</td></tr>
<tr><td colspan="2">バイク置場</td><td>含む・含まない</td><td colspan="2">＿＿＿＿台分（位置番号：　　　　）</td></tr>
<tr><td colspan="2">自転車置場</td><td>含む・含まない</td><td colspan="2">＿＿＿＿台分（位置番号：　　　　）</td></tr>
<tr><td colspan="2">物置</td><td>含む・含まない</td><td colspan="2"></td></tr>
<tr><td colspan="2">専用庭</td><td>含む・含まない</td><td colspan="2"></td></tr>
<tr><td colspan="2"></td><td>含む・含まない</td><td colspan="2"></td></tr>
<tr><td colspan="2"></td><td>含む・含まない</td><td colspan="2"></td></tr>
</table>

参考資料　95

(2) 契約期間

始　　期	年	月	日から		
終　　期	年	月	日から	年	月間

(3) 賃料等

賃料・共益費			支払期限	支払方法	
賃　　料		円	当月分・翌月分を毎月　　日まで	振込、口座振替又は持参	振込先金融機関名： 預金：普通・当座 口座番号： 口座名義人： 振込手数料負担者：貸主・借主 持参先：
共益費		円	当月分・翌月分を毎月　　日まで		
敷　　金	賃料	か月相当分　円	その他一時金		
附属施設使用料					
そ　　の　　他					

(4) 貸主及び管理業者

貸　　主 （社名・代表者）	住　所　〒 氏　名　　　　　　　　　電話番号
管理業者 （社名・代表者）	所在地　〒 氏　名　　　　　　　　　電話番号 賃貸住宅管理業者登録番号　国土交通大臣（　　）第　　　号

＊貸主と建物の所有者が異なる場合は、次の欄も記載すること。

建物の所有者	住　所　〒 氏　名　　　　　　　　　電話番号

(5) 借主及び同居人

借　　主		同　居　人	
氏　　名	（氏名）	（氏名）　　　　　　　（年齢）　　歳 （氏名）　　　　　　　（年齢）　　歳 （氏名）　　　　　　　（年齢）　　歳	
	（年齢）　　　　歳	合　計　　　　人	
緊急時の連絡先	住　所　〒 氏　名　　　　　　　　　電話番号		借主との関係

（契約の締結）

第1条 貸主（以下「甲」という。）及び借主（以下「乙」という。）は、頭書(1)に記載する賃貸借の目的物（以下「本物件」という。）について、以下の条項により賃貸借契約（以下「本契約」という。）を締結した。

（契約期間及び更新）

第2条 契約期間は、頭書(2)に記載するとおりとする。

2　甲及び乙は、協議の上、本契約を更新することができる。

（使用目的）

第3条 乙は、居住のみを目的として本物件を使用しなければならない。

※1

（賃料）

第4条 乙は、頭書(3)の記載に従い、賃料を甲に支払わなければならない。

2　1か月に満たない期間の賃料は、1か月を30日として日割計算した額とする。

3　甲及び乙は、次の各号の一に該当する場合には、協議の上、賃料を改定することができる。

一　土地又は建物に対する租税その他の負担の増減により賃料が不相当となった場合

二　土地又は建物の価格の上昇又は低下その他の経済事情の変動により賃料が不相当となった場合

三　近傍同種の建物の賃料に比較して賃料が不相当となった場合

（共益費）

第5条 乙は、階段、廊下等の共用部分の維持管理に必要な光熱費、上下水道使用料、清掃費等（以下この条において「維持管理費」という。）に充てるため、共益費を甲に支払うものとする。

2　前項の共益費は、頭書(3)の記載に従い、支払わなければならない。

参考資料　97

3　1か月に満たない期間の共益費は、1か月を30日として日割計算した額とする。

4　甲及び乙は、維持管理費の増減により共益費が不相当となったときは、協議の上、共益費を改定することができる。

（敷金）　　　　　　　　　　　　　　　　　　　　　　　　　　　※2

第6条　乙は、本契約から生じる債務の担保として、頭書(3)に記載する敷金を甲に預け入れるものとする。

2　乙は、本物件を明け渡すまでの間、敷金をもって賃料、共益費その他の債務と相殺をすることができない。

3　甲は、本物件の明渡しがあったときは、遅滞なく、敷金の全額を無利息で乙に返還しなければならない。ただし、甲は、本物件の明渡し時に、賃料の滞納、第14条に規定する原状回復に要する費用の未払いその他の本契約から生じる乙の債務の不履行が存在する場合には、当該債務の額を敷金から差し引くことができる。

4　前項ただし書の場合には、甲は、敷金から差し引く債務の額の内訳を乙に明示しなければならない。

（反社会的勢力の排除）

第7条　甲及び乙は、それぞれ相手方に対し、次の各号の事項を確約する。

一　自らが、暴力団、暴力団関係企業、総会屋若しくはこれらに準ずる者又はその構成員（以下総称して「反社会的勢力」という。）ではないこと。

二　自らの役員（業務を執行する社員、取締役、執行役又はこれらに準ずる者をいう。）が反社会的勢力ではないこと。

三　反社会的勢力に自己の名義を利用させ、この契約を締結するものでないこと。

四　自ら又は第三者を利用して、次の行為をしないこと。

　ア　相手方に対する脅迫的な言動又は暴力を用いる行為

イ　偽計又は威力を用いて相手方の業務を妨害し、又は信用を毀損する行為

（禁止又は制限される行為）

第8条　乙は、甲の書面による承諾を得ることなく、本物件の全部又は一部につき、賃借権を譲渡し、又は転貸してはならない。

2　乙は、甲の書面による承諾を得ることなく、本物件の増築、改築、移転、改造若しくは模様替又は本物件の敷地内における工作物の設置を行ってはならない。

3　乙は、本物件の使用に当たり、別表第1に掲げる行為を行ってはならない。

4　乙は、本物件の使用に当たり、甲の書面による承諾を得ることなく、別表第2に掲げる行為を行ってはならない。

5　乙は、本物件の使用に当たり、別表第3に掲げる行為を行う場合には、甲に通知しなければならない。

（契約期間中の修繕）　　　　　　　　　　　　　　　　　　　　　※3

第9条　甲は、乙が本物件を使用するために必要な修繕を行わなければならない。この場合において、乙の故意又は過失により必要となった修繕に要する費用は、乙が負担しなければならない。

2　前項の規定に基づき甲が修繕を行う場合は、甲は、あらかじめ、その旨を乙に通知しなければならない。この場合において、乙は、正当な理由がある場合を除き、当該修繕の実施を拒否することができない。

3　乙は、甲の承諾を得ることなく、別表第4に掲げる修繕を自らの負担において行うことができる。

（契約の解除）

第10条　甲は、乙が次に掲げる義務に違反した場合において、甲が相当の期間を定めて当該義務の履行を催告したにもかかわらず、その期間内に当該義務が履行されないときは、本契約を解除することができる。

一　第4条第1項に規定する賃料支払義務

参考資料　99

二　第5条第2項に規定する共益費支払義務

　三　前条第1項後段に規定する費用負担義務

2　甲は、乙が次に掲げる義務に違反した場合において、甲が相当の期間を定めて当該義務の履行を催告したにもかかわらず、その期間内に当該義務が履行されずに当該義務違反により本契約を継続することが困難であると認められるに至ったときは、本契約を解除することができる。

　一　第3条に規定する本物件の使用目的遵守義務

　二　第8条各項に規定する義務（同条第3項に規定する義務のうち、別表第1第六号から第八号に掲げる行為に係るものを除く。）

　三　その他本契約書に規定する乙の義務

3　甲又は乙の一方について、次のいずれかに該当した場合には、その相手方は、何らの催告も要せずして、本契約を解除することができる。

　一　第7条各号の確約に反する事実が判明した場合

　二　契約締結後に自ら又は役員が反社会的勢力に該当した場合

4　甲は、乙が別表第1第六号から第八号に掲げる行為を行った場合は、何らの催告も要せずして、本契約を解除することができる。

（乙からの解約）

第11条　乙は、甲に対して少なくとも30日前に解約の申入れを行うことにより、本契約を解約することができる。

2　前項の規定にかかわらず、乙は、解約申入れの日から30日分の賃料（本契約の解約後の賃料相当額を含む。）を甲に支払うことにより、解約申入れの日から起算して30日を経過する日までの間、随時に本契約を解約することができる。

（契約の消滅）　　　　　　　　　　　　　　　　　　　　　　　　　　※4

第12条　本契約は、天災、地変、火災その他甲乙双方の責めに帰さない事由により、本物件が滅失した場合、当然に消滅する。

（明渡し）

第13条　乙は、本契約が終了する日までに（第10条の規定に基づき本契約

が解除された場合にあっては、直ちに）、本物件を明け渡さなければならない。

2　乙は、前項の明渡しをするときには、明渡し日を事前に甲に通知しなければならない。

（明渡し時の原状回復）　　　　　　　　　　　　　　　　　　　　※5

第14条　乙は、通常の使用に伴い生じた本物件の損耗を除き、本物件を原状回復しなければならない。

2　甲及び乙は、本物件の明渡し時において、契約時に特約を定めた場合は当該特約を含め、別表第5の規定に基づき乙が行う原状回復の内容及び方法について協議するものとする。

（立入り）

第15条　甲は、本物件の防火、本物件の構造の保全その他の本物件の管理上特に必要があるときは、あらかじめ乙の承諾を得て、本物件内に立ち入ることができる。

2　乙は、正当な理由がある場合を除き、前項の規定に基づく甲の立入りを拒否することはできない。

3　本契約終了後において本物件を賃借しようとする者又は本物件を譲り受けようとする者が下見をするときは、甲及び下見をする者は、あらかじめ乙の承諾を得て、本物件内に立ち入ることができる。

4　甲は、火災による延焼を防止する必要がある場合その他の緊急の必要がある場合においては、あらかじめ乙の承諾を得ることなく、本物件内に立ち入ることができる。この場合において、甲は、乙の不在時に立ち入ったときは、立入り後その旨を乙に通知しなければならない。

（連帯保証人）　　　　　　　　　　　　　　　　　　　　　　　※6

第16条　連帯保証人（以下「丙」という。）は、乙と連帯して、本契約から生じる乙の債務を負担するものとする。

（協議）

第17条　甲及び乙は、本契約書に定めがない事項及び本契約書の条項の解

参考資料　101

釈について疑義が生じた場合は、民法その他の法令及び慣行に従い、誠
意をもって協議し、解決するものとする。

（特約条項）

第18条　第17条までの規定以外に、本契約の特約については、下記のとお
りとする。　　　　　　　　　　　　　　　　　　　　　　　　※7

> 甲：　　　　　　　　　　印
> 乙：　　　　　　　　　　印

別表第1 （第8条第3項関係）

一　銃砲、刀剣類又は爆弾性、発火性を有する危険な物品等を製造又は保管すること。
二　大型の金庫その他の重量の大きな物品等を搬入し、又は備え付けること。
三　排水管を腐食させるおそれのある液体を流すこと。
四　大音量でテレビ、ステレオ等の操作、ピアノ等の演奏を行うこと。
五　猛獣、毒蛇等の明らかに近隣に迷惑をかける動物を飼育すること。
六　本物件を、反社会的勢力の事務所その他の活動の拠点に供すること。
七　本物件又は本物件の周辺において、著しく粗野若しくは乱暴な言動を行い、又は威勢を示すことにより、付近の住民又は通行人に不安を覚えさせること。
八　本物件に反社会的勢力を居住させ、又は反復継続して反社会的勢力を出入りさせること。

別表第2 （第8条第4項関係）

一　階段、廊下等の共用部分に物品を置くこと。
二　階段、廊下等の共用部分に看板、ポスター等の広告物を掲示すること。
三　観賞用の小鳥、魚等であって明らかに近隣に迷惑をかけるおそれのない動物以外の犬、猫等の動物（別表第1第五号に掲げる動物を除く。）を飼育すること。

参考資料　103

| |
| |

別表第 3 （第 8 条第 5 項関係）

| 一　頭書(5)に記載する同居人に新たな同居人を追加（出生を除く。）すること。 |
| 二　1 か月以上継続して本物件を留守にすること。 |
| |
| |

別表第 4 （第 9 条第 3 項関係）　　　　　　　　　　　　　　　　　※ 8

畳表の取替え、裏返し	ヒューズの取替え
障子紙の張替え	給水栓の取替え
ふすま紙の張替え	排水栓の取替え
電球、蛍光灯、LED 照明の取替え	その他費用が軽微な修繕

別表第 5 （第14条関係）　　　　　　　　　　　　　　　　　　　　※ 9

【原状回復の条件について】

　本物件の原状回復条件は、下記Ⅱの「例外としての特約」による以外は、賃貸住宅の原状回復に関する費用負担の一般原則の考え方によります。すなわち、

・賃借人の故意・過失、善管注意義務違反、その他通常の使用方法を超えるような使用による損耗等については、賃借人が負担すべき費用となる。

・建物・設備等の自然的な劣化・損耗等（経年変化）及び賃借人の通常の使用により生ずる損耗等（通常損耗）については、賃貸人が負担すべき費用となる。

ものとします。

その具体的内容は、国土交通省の「原状回復をめぐるトラブルとガイドライン（再改訂版）」において定められた別表1及び別表2のとおりですが、その概要は、下記Iのとおりです。

I 本物件の原状回復条件

（ただし、民法第90条及び消費者契約法第8条、第9条、及び第10条に反しない内容に関して、下記IIの「例外としての特約」の合意がある場合は、その内容によります。）

1 賃貸人・賃借人の修繕分担表

賃貸人の負担となるもの	賃借人の負担となるもの
【床（畳・フローリング・カーペットなど）】	
1．畳の裏返し、表替え（特に破損してないが、次の入居者確保のために行うもの） 2．フローリングのワックスがけ 3．家具の設置による床、カーペットのへこみ、設置跡 4．畳の変色、フローリングの色落ち（日照、建物構造欠陥による雨漏りなどで発生したもの）	1．カーペットに飲み物等をこぼしたことによるシミ、カビ（こぼした後の手入れ不足等の場合） 2．冷蔵庫下のサビ跡（サビを放置し、床に汚損等の損害を与えた場合） 3．引越作業等で生じた引っかきキズ 4．フローリングの色落ち（賃借人の不注意で雨が吹き込ん

参考資料　105

	だことなどによるもの)
【壁、天井（クロスなど）】	
1．テレビ、冷蔵庫等の後部壁面の黒ずみ（いわゆる電気ヤケ） 2．壁に貼ったポスターや絵画の跡 3．壁等の画鋲、ピン等の穴（下地ボードの張替えは不要な程度のもの） 4．エアコン（賃借人所有）設置による壁のビス穴、跡 5．クロスの変色（日照などの自然現象によるもの）	1．賃借人が日常の清掃を怠ったための台所の油汚れ（使用後の手入れが悪く、ススや油が付着している場合 2．賃借人が結露を放置したことで拡大したカビ、シミ（賃貸人に通知もせず、かつ、拭き取るなどの手入れを怠り、壁等を腐食させた場合） 3．クーラーから水漏れし、賃借人が放置したため壁が腐食 4．タバコのヤニ、臭い（喫煙等によりクロス等が変色したり、臭いが付着している場合） 5．壁等のくぎ穴、ネジ穴（重量物をかけるためにあけたもので、下地ボードの張替えが必要な程度のもの） 6．賃借人が天井に直接つけた照明器具の跡 7．落書き等の故意による毀損
【建具等、襖、柱等】	
1．網戸の張替え（特に破損はしてないが、次の入居者確保のために行うもの）	1．飼育ペットによる柱等のキズ、臭い（ペットによる柱、クロス等にキズが付いたり、

2．地震で破損したガラス 3．網入りガラスの亀裂（構造により自然に発生したもの）	臭いが付着している場合） 2．落書き等の故意による毀損
【設備、その他】	
1．専門業者による全体のハウスクリーニング（賃借人が通常の清掃を実施している場合） 2．エアコンの内部洗浄（喫煙等の臭いなどが付着していない場合） 3．消毒（台所・トイレ） 4．浴槽、風呂釜等の取替え（破損等はしていないが、次の入居者確保のために行うもの） 5．鍵の取替え（破損、鍵紛失のない場合） 6．設備機器の故障、使用不能（機器の寿命によるもの）	1．ガスコンロ置き場、換気扇等の油汚れ、すす（賃借人が清掃・手入れを怠った結果汚損が生じた場合） 2．風呂、トイレ、洗面台の水垢、カビ等（賃借人が清掃・手入れを怠った結果汚損が生じた場合） 3．日常の不適切な手入れもしくは用法違反による設備の毀損 4．鍵の紛失又は破損による取替え 5．戸建賃貸住宅の庭に生い茂った雑草

2　賃借人の負担単位

負担内容	賃借人の負担単位		経過年数等の考慮
	畳	原則一枚単位 毀損部分が複数枚の場合はその枚数分（裏返しか表替えかは、毀損	（畳表） 経過年数は考慮しない。

参考資料　107

			の程度による）	
床	毀損部分の補修	カーペット クッションフロア	毀損等が複数箇所の場合は、居室全体	（畳床・カーペット・クッションフロア）6年で残存価値1円となるような負担割合を算定する。
		フローリング	原則㎡単位 毀損等が複数箇所の場合は、居室全体	（フローリング）補修は経過年数を考慮しない（フローリング全体にわたる毀損等があり、張り替える場合は、当該建物の耐用年数で残存価値1円となるような負担割を算定する。）
壁・天井（クロス）	毀損部分の補修	壁（クロス）	㎡単位が望ましいが、賃借人が毀損した箇所を含む一面分までは張替費用を賃借人負担としてもやむをえないとする。	（壁〔クロス〕）6年で残存価値1円となるような負担割合を算定する。
		タバコ等のヤニ、臭い	喫煙等により当該居室全体においてクロス等がヤニで変色したり臭いが付着した場合のみ、居室全体のクリーニング又は張替費用を	

			賃借人負担とすることが妥当と考えられる。	
建具・柱	毀損部分の補修	襖	1枚単位	（襖紙、障子紙）経過年数は考慮しない。
		柱	1本単位	（襖、障子等の建具部分、柱）経過年数は考慮しない。
設備・その他	設備の補修	設備機器	補修部分、交換相当費用	（設備機器）耐用年数経過時点で残存価値1円となるような直線（又は曲線）を想定し、負担割合を算定する。
	鍵の返却	鍵	補修部分紛失の場合は、シリンダーの交換も含む。	鍵の紛失の場合は、経過年数は考慮しない。交換費用相当分を借主負担とする。
	通常の清掃※	クリーニング※通常の清掃や退去時の清掃を怠った場合のみ	部位ごと、又は住戸全体	経過年数は考慮しない。借主負担となるのは、通常の清掃を実施していない場合で、部位もしくは、住戸全体の清掃費用相当分を借主負担とする。

参考資料　109

設備等の経過年数と賃借人負担割合（耐用年数6年および8年、定額法の場合）
賃借人負担割合（原状回復義務がある場合）

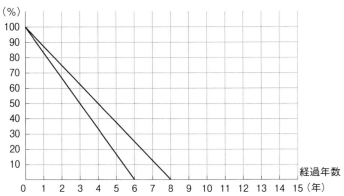

3　原状回復工事施工目安単価

（物件に応じて、空欄に「対象箇所」、「単位」、「単価（円）」を記入して使用してください。）

対象箇所		単位	単価（円）
床			
天井・壁			
建具・柱			
設備・その他	共通		
	玄関・廊下		

台所・キッチン			
浴室・洗面所・トイレ			
その他			

※この単価は、あくまでも目安であり、入居時における賃借人・賃貸人双方で負担の概算額を認識するためのものです。

※従って、退去時においては、資材の価格や在庫状況の変動、毀損の程度や原状回復施工方法等を考慮して、賃借人・賃貸人双方で協議した施工単価で原状回復工事を実施することとなります。

Ⅱ 例外としての特約

　原状回復に関する費用の一般原則は上記のとおりですが、賃借人は、例外として、下記の費用については、賃借人の負担とすることに合意します（但し、民法第90条及び消費者契約法第8条、第9条、及び第10条に反しない内容に限ります）。
（括弧内は、本来は賃貸人が負担すべきものである費用を、特別に賃借人が負担することとする理由。）　　　　　　　　　　　　※10

```
・_____

      甲：              印
      乙：              印
```

記名押印欄

下記貸主（甲）と借主（乙）は、本物件について上記のとおり賃貸借契約を締結したことを証するため、本契約書2通を作成し、甲乙記名押印の上、各自その1通を保有する。

平成　　　年　　　月　　　日

貸主（甲）　住所　〒

　　　　　　氏名　　　　　　　　　　　　　　　印

借主（乙）　住所　〒

　　　　　　氏名　　　　　　　　　　　　　　　印

　　　　　　電話番号

連帯保証人　住所　〒　　　　　　　　　　　　　　　　※11

　　　　　　氏名　　　　　　　　　　　　　　　印

　　　　　　電話番号

媒介　　　　免許証番号〔　　　〕知事・国土交通大臣（　　　）第　　　号

　業者

代理　　　　事務所所在地

　　　　　　商号（名称）

　　　　　　代表者氏名　　　　　　　　　　　印

　　　　　　宅地建物取引主任者　登録番号〔　　　〕知事　第　　　号

　　　　　　　　　　　　　　　　氏名　　　　　印

売買契約の特約についての解説

1. 契約不適合について

(1) 今回の民法改正では、契約の内容に適合するか否かが、非常に重要な要素となりました。いわば「契約不適合」という言葉がキーワードになったわけです。

　賃貸借契約においては、従来より、たとえば、建物の賃貸借契約においては住居なのか、店舗なのか、店舗だとしても飲食店なのか、物販店なのか、また事務所なのか倉庫なのか等々により、建物の使用の仕方が大きく変わりますので、この点は非常に重視されていました。また、賃借人の行動が契約の内容に照らして適切といえるか、いえないかという点についても従来から、判例により「信頼関係破壊の法理」という理論が提唱され、その点に関する判例が数多く蓄積されてきました。したがって、賃貸借契約においてはあらためて「契約不適合」ということをあまり強調する必要はないと思われます。

　これに対して、売買契約を含めた債務不履行一般については、今後あらためて「契約不適合」ということが重要な要素として、注目されることとなりました。

(2) 契約不適合であるか否かということは、主に売買契約の場合を中心に、債務不履行になるか否か、損害賠償請求ができるか、追完請求ができるか、解除請求ができるか等々のすべての問題の基準になってきますので、大変重要であることはいうまでもありません。

　そこで、今回の民法改正において「契約不適合」が基準とされている条文をチェックしてみると以下のとおりです。

① 民法412条の2（履行不能について）

② 民法415条（債務不履行について）

③ 民法536条（危険負担について）

④ 民法541条（催告による解除）

参考資料　113

⑤　民法542条（無催告解除）

⑥　民法562条（買主の追完請求権）

⑦　民法563条（買主の代金減額請求権）

⑧　民法565条（移転した権利が契約内容に適合しない場合）

⑨　民法566条（担保責任の期間の制限）

などです。

２．条項の検討と特約について

　一般財団法人不動産適正取引推進機構が作成した標準契約書を参考にして、条項の内容をいくつか検討してみましょう。

(1)　瑕疵担保責任について

　　瑕疵担保責任については契約書の第20条に記載がありますが、現行民法570条を前提としていますので、本来であれば、解除か損害賠償しか請求できませんが（コラム「特定物ドグマ」参照）、第20条２項では、建物については「修補」の請求もできる旨の特約が付されています。

　　しかし、民法改正でこの点は大きく変わりました。そこで、契約書第20条の記載を下記のように変更してみてはどうでしょうか。内容は、ほぼ改正法の562条以下のとおりです（本文57頁以下参照）。

　　なお、契約書の20条３項では、解除や損害賠償等の請求は、「引渡後３ヶ月」以内に行うものとしていますが、これは現行民法の566条３項の「事実を知った時から１年以内」という規定の内容を修正するものです。具体的には、①「事実を知った時」という主観的な基準を、「引渡し」という客観的な基準に変更し、かつ、②期間を３カ月と短縮することにより売買契約の早期の安定を図るものです。改正法では、566条に、ほぼ同様の規定がありますが（本文65頁以下参照）、改正後も売買契約の早期安定を図るという目的は変わらないので、今後も契約書には同様の規定を置いておけばよいと思います。

114

記

（契約不適合等）

※第20条　買主は、本物件が契約内容に適合しないものである場合には、目的物の修補、代替物の引渡し又は不足分の引渡しによる履行の追完を売主に対してすることができる。

　　2　前項の不適合が買主の責に帰すべき事由によるときは、買主は売主に対し、履行の追完を請求することができない。

　　3　買主は、売主に対し、第1項の履行の追完に変えて代金の減額を請求することができる。

　　4　買主は売主に対し、前項までの規定によるほか、損害賠償の請求及び契約の解除を請求することができる。

(2)　危険負担について

　　契約書第16条に記載がありますが、今回の民法改正は、危険負担に関する従来の実務を追認しています（本文71頁以下参照）。したがって、契約書の条項も大きく変える必要はないと思います。

　　今後も、条項の内容は基本的には同様となると思いますが、債権者のとりうる手段として、解除だけではなく履行拒絶が加わることが考えられます（改正法536条）。しかし、一般的には「履行拒絶（＝自然債務化する）」ということはなじまないので、今後も「解除」でいくことになるのではないでしょうか（本文73頁参照）。

(3)　特約条項について

　　「契約不適合」が問題となりますので、契約書第22条の特約条項として、たとえば下記のような記載をすることが考えられると思います。

記

1　（売買の目的）

　　　本件売買契約の目的は、買主が、本物件をレストランに改装し、平成30年4月に開校される予定の○○専門学校の生徒用に飲食を提供するためである。

参考資料　115

そのため、売主は買主に対し、本物件を平成30年1月末日までに引き渡すものとし、買主はその後3カ月間をかけて本物件を改装するものである。

2　（契約不適合）

① 　本件売買契約の目的は、前項に記載のとおりであるため、本物件の引渡し後、買主が雨漏りその他の本物件の不具合を発見した場合は、売主に直ちに通知するものとし、売主はすみやかに、その不具合を修補しなければならない。

② 　前項の修補については、売主は、買主に対し、あらかじめ修補の内容を明示するものとする。

③ 　買主が、前項の修補の内容を了解できないときは、自らの費用をもって本物件を修補し、その費用を売主に対し請求することができる。

④ 　上記の修補が、平成30年2月末日までに終了しないことが明らかになった場合は、買主は、本件売買契約を解除することができる。その場合、売主は、すみやかに売買代金を買主に返還しなければならない。

⑤ 　買主は、売主に対し、前項の解除とともに損害の賠償を、または前項の解除にかえて売買代金の減額を請求することができる。

☆この契約書は，（一財）不動産適正取引推進機構が作成した標準契約書を参考にして作成されています。

収入
印紙
（30,000円）

土地・建物売買契約書（案）（土地実測・建物公簿用）
〈媒介用〉

(A) 売買の目的物の表示（登記簿の記載による）（第1条）

土地		所　在	地　番	地　目	地　積
	①				㎡
	②				㎡
	③				㎡
				合　計	㎡

建物	所　在			家屋番号	
	種　類		構　造		
	床 面 積				
特記事項					

(B) 売買代金、手付金の額および支払日（第1条）（第2条）（第5条）

		総額	金　　　　　円
売買代金（B₁）		（うち消費税） ———————————	
		（土地）	金　　　　　円
		（建物）	金　　　　　円
手付金（B₂）	本契約締結時に		金　　　　　円
中間金（B₃）	第1回　平成—年—月—日までに		金 ——————— 円
	第2回　平成—年—月—日までに		金 ——————— 円
残代金（B₄）	平成　年　月　日までに		金　　　　　円

参考資料　117

(C)　土地の実測（第3条）

実測精算の対象となる土地（契約時の算出面積をいずれかに記入）
（私道負担のない場合（＝登記面積）　　　　　　　　　　　　㎡）
（私道負担のある場合、それを除く有効宅地部分　　　　　 ― ㎡）

(D)　土地代金精算の単価（第6条）

売買代金精算の場合の土地単価（第6条の単価）
1㎡あたり　金　　　　　　　　　円

（E〜J）　その他約定事項

(E)	所有権移転・引渡し・登記手続の日 　　　　　　（第7条）（第8条）（第9条）	平成　年　月　日
(F)	平成（　　　　）年度公租・公課分担の起算日 　　　　　　　　　　　　　　　　　　（第13条）	平成　年　月　日
(G)	手付解除の期限　　　　　　　　　　　　（第15条）	平成　年　月　日
(H)	違約金の額（売買代金の10％相当額）　（第17条）	金　　　　　円
(I)	反社会的勢力排除に係る違約金の額 （売買代金の20％相当額）　　　　　　（第18条）	金　　　　　円
(J)	反社会的勢力の事務所等活動の拠点に係る制裁 金の額（売買代金の80％相当額）　　（第18条）	金　　　　　円

(K)　融資利用の場合		（第19条）
融資機関名・取扱支店名	融資承認予定日	融資金額
株式会社東西銀行　東京支店	平成　年　月　日	金　　　　　円
―――――――――――	平成―年―月―日	金 ―――― 円
―――――――――――	平成―年―月―日	金 ―――― 円
―――――――――――	平成―年―月―日	金 ―――― 円
	合　計	金　　　　　円
融資未承認の場合の契約解除期限		平成　年　月　日

契 約 条 項

（売買の目的物および売買代金）

第1条 売主は、標記の物件（A）（以下「本物件」という。）を標記の代
金（B1）をもって買主に売渡し、買主はこれを買受けた。

（手付）

第2条 買主は、売主に手付として、この契約締結と同時に標記の金額
（B2）を支払う。

2 手付金は、残代金支払いのときに、売買代金の一部に充当する。

（境界の明示および確定測量図の作成）

第3条 売主は、買主に本物件引渡しのときまでに、現地において隣地と
の境界を明示する。

2 売主は、その責任と負担において、隣地所有者等の立会を得て、測
量士または土地家屋調査士に標記の土地（C）について確定測量図を
作成させ、引渡しのときまでに買主に交付する。

（地積更正登記）

第4条 第3条第2項の実測の結果、確定測量図の面積と登記記録の面積
との間に相違が生じても、売主は、地積更正登記の責を負わないものと
する。

（売買代金の支払時期およびその方法）

第5条 買主は、売主に売買代金を標記の期日（B3）、（B4）までに現金
または預金小切手で支払う。

（売買代金の精算）

第6条 土地については、第3条第2項の確定測量図の面積と標記面積
（C）が異なる場合には、その異なる面積に1㎡あたり標記の単価（D）
を乗じた額を残代金支払時に精算する。

2 建物については、実測による売買代金の精算を行わないものとす
る。

参考資料　119

（所有権移転の時期）

第7条　本物件の所有権は、買主が売買代金の全額を支払い、売主がこれを受領したときに、売主から買主に移転する。

（引渡し）

第8条　売主は、買主に本物件を売買代金全額の受領と同時に引渡す。

　2　買主は、売主に引渡確認書を交付して、前項の引渡しの確認を行うものとする。

（所有権移転登記の申請）

第9条　売主は、売買代金全額の受領と同時に、買主の名義にするために、本物件の所有権移転登記申請手続きをしなければならない。

　2　所有権移転登記の申請手続きに要する費用は、買主の負担とする。

（付帯設備の引渡し）

第10条　売主は、別紙設備表の設備のうち「有」と記したものを、本物件引渡しと同時に買主に引渡す。　　　　（☆設備表は省略しています）

　2　前項の付帯設備については、第20条（瑕疵担保責任）の規定は適用されないものとする。

（負担の消除）

第11条　売主は、本物件の所有権移転の時期までに、抵当権等の担保権および貸借権等の用益権その他買主の完全な所有権の行使を阻害する一切の負担を消除する。

（印紙代の負担）

第12条　この契約書に貼付する収入印紙は、売主・買主が平等に負担するものとする。

（公租・公課の分担）

第13条　本物件に対して賦課される公租・公課は、引渡日の前日までの分を売主が、引渡日以降の分を買主が、それぞれ負担する。

　2　公租・公課納付分担の起算日は、1月1日とする。

　3　公租・公課の分担金の精算は、残代金支払時に行う。

（収益の帰属・負担金の分担）

第14条　本物件から生ずる収益の帰属および各種負担金の分担については、前条第1項および第3項を準用する。

（手付解除）

第15条　売主は、買主に受領済の手付金の倍額を支払い、また買主は、売主に支払済の手付金を放棄して、それぞれこの契約を解除することができる。

　2　前項による解除は、相手方がこの契約の履行に着手したとき、または標記の期日（G）を経過したとき以降は、できないものとする。

（引渡前の滅失・毀損）

第16条　本物件の引渡前に、天災地変その他売主または買主のいずれの責に帰すことのできない事由によって本物件が滅失したときは、買主は、この契約を解除することができる。

　2　本物件の引渡前に、前項の事由によって本物件が毀損したときは、売主は、本物件を修復して買主に引渡すものとする。この場合、修復によって引渡しが標記の期日（E）を超えても、買主は、売主に対し、その引渡延期について異議を述べることはできない。

　3　売主は、前項の修復が著しく困難なとき、または過大な費用を要するときは、この契約を解除することができるものとし、買主は、本物件の毀損により契約の目的が達せられないときは、この契約を解除することができる。

　4　第1項または前項によって、この契約が解除された場合、売主は、受領済の金員を無利息で遅滞なく買主に返還しなければならない。

（契約違反による解除）

第17条　売主または買主がこの契約に定める債務を履行しないとき、その相手方は、自己の債務の履行を提供し、かつ、相当の期間を定めて催告をしたうえ、この契約を解除することができる。

　2　前項の契約解除に伴う損害賠償は、標記の違約金（H）によるもの

参考資料　121

とする。

3　違約金の支払いは、次のとおり、遅滞なくこれを行う。

①　売主の債務不履行により買主が解除したときは、売主は、買主に受領済の金員を無利息で返還するとともに違約金を支払う。

②　買主の債務不履行により売主が解除したときは、売主は、受領済の金員から違約金を控除した残額を無利息で買主に返還する。この場合において、違約金の額が支払済の金員を上回るときは、買主は、売主にその差額を支払うものとする。

4　買主が本物件の所有権移転登記を受け、または本物件の引渡しを受けているときは、前項の支払いを受けるのと引換えに、その登記の抹消登記手続き、または本物件の返還をしなければならない。

（反社会的勢力の排除）

第18条　売主及び買主は、それぞれ相手方に対し、次の各号の事項を確約する。

①　自らが、暴力団、暴力団関係企業、総会屋若しくはこれらに準ずる者又はその構成員（以下総称して「反社会的勢力」という）ではないこと。

②　自らの役員（業務を執行する社員、取締役、執行役又はこれらに準ずる者をいう）が反社会的勢力ではないこと。

③　反社会的勢力に自己の名義を利用させ、この契約を締結するものでないこと。

④　本物件の引渡し及び売買代金の全額の支払いのいずれもが終了するまでの間に自ら又は第三者を利用して、この契約に関して次の行為をしないこと。

ア　相手方に対する脅迫的な言動又は暴力を用いる行為

イ　偽計又は威力を用いて相手方の業務を妨害し、又は信用を毀損する行為

2　売主又は買主の一方について、次のいずれかに該当した場合には、

その相手方は、何らの催告を要せずして、この契約を解除することができる。

　　ア　前項①又は②の確約に反する申告をしたことが判明した場合

　　イ　前項③の確約に反し契約をしたことが判明した場合

　　ウ　前項④の確約に反した行為をした場合

3　買主は、売主に対し、自ら又は第三者をして本物件を反社会的勢力の事務所その他の活動の拠点に供しないことを確約する。

4　売主は、買主が前項に反した行為をした場合には、何らの催告を要せずして、この契約を解除することができる。

5　第2項又は前項の規定によりこの契約が解除された場合には、解除された者は、その相手方に対し、違約金（損害賠償額の予定）として（Ｉ）（売買代金の20％相当額）を支払うものとする。

6　第2項又は第4項の規定によりこの契約が解除された場合には、解除された者は、解除により生じる損害について、その相手方に対し一切の請求を行わない。

7　買主が第3項の規定に違反し、本物件を反社会的勢力の事務所その他の活動の拠点に供したと認められる場合において、売主が第4項の規定によりこの契約を解除するときは、買主は、売主に対し、第5項の違約金に加え、（Ｊ）（売買代金の80％相当額）の違約罰を制裁金として支払うものとする。ただし、宅地建物取引業者が自ら売主となり、かつ宅地建物取引業者でない者が買主となる場合は、この限りでない。

（融資利用の場合）

第19条　買主は、この契約締結後すみやかに、標記の融資（Ｋ）のために必要な書類を揃え、その申込手続きをしなければならない。

2　標記の融資承認予定日（Ｋ）のうち最終予定日までに、前項の融資の全部または一部について承認を得られないとき、買主は、標記の契約解除期日（Ｋ）まではこの契約を解除することができる。

参考資料　123

3　前項によって、この契約が解除された場合、売主は、受領済の金員を無利息で遅滞なく買主に返還しなければならない。

　4　本条による解除の場合は、第15条（手付解除）および第17条（契約違反による解除）の規定は適用されないものとする。

（瑕疵担保責任）

第20条　買主は、本物件に隠れた瑕疵があり、この契約を締結した目的が達せられない場合は契約の解除を、その他の場合は損害賠償の請求を、売主に対してすることができる。

　2　建物については、買主は、売主に対して、前項の損害賠償に代え、またはこれとともに修補の請求をすることができる。

　3　本条による解除または請求は、本物件の引渡後3ヶ月を経過したときはできないものとする。

（諸規約の承継）

第21条　売主は、買主に対し、環境の維持または管理の必要上定められた規約等に基づく売主の権利・義務を承継させ、買主はこれを承継する。

第22条　別記特約条項記載のとおりとする。

特約事項

　下記売主と下記買主は標記の物件の売買契約を締結し、この契約を証するため契約書2通を作成、売主および買主が署名押印のうえ各自その1通を保有する。

　平成　　年　　　月　　　日

（売主）　住所
　　　　　氏名　　　　　　　　　　　　　　　　　　　　　　　印
　　　　　住所
　　　　　氏名　　　　　　　　　　　　　　　　　　　　　　　印

（買主）　住所
　　　　　氏名　　　　　　　　　　　　　　　　　　　　　　　印
　　　　　住所
　　　　　氏名　　　　　　　　　　　　　　　　　　　　　　　印

媒介業者　免許番号〔　　　知事・国土交通大臣〕（○）第○○○号
　　　　　事務所所在地
　　　　　商号（名称）　　　　　　　　　　　　　　　印
　　　　　代表者氏名
　　　　　宅地建物取引士　登録番号　東京都　知事　第　○○○○○号
　　　　　氏　名　　甲　　　　　　　　　　　　　　　印

媒介業者　免許番号〔東京都　知事・国土交通大臣〕（○）第○○○号
　　　　　事務所所在地
　　　　　商号（名称）
　　　　　代表者氏名　　　　　　　　　　　　　　　印
　　　　　宅地建物取引士　登録番号　東京都　知事　第　○○○○○号
　　　　　氏　名　　　　　　　　　　　　　　　　　印

参考資料　125

旧新民法対照4段表

現行民法	改正法
（特定物の引渡しの場合の注意義務）	**（特定物の引渡しの場合の注意義務）**
第400条　債権の目的が特定物の引渡しであるときは、債務者は、その引渡しをするまで、善良な管理者の注意をもって、その物を保存しなければならない。	**第400条**　債権の目的が特定物の引渡しであるときは、債務者は、その引渡しをするまで、契約その他の債権の発生原因及び取引上の社会通念に照らして定まる善良な管理者の注意をもって、その物を保存しなければならない。
（法定利率）	（法定利率）
第404条　利息を生ずべき債権について別段の意思表示がないときは、その利率は、年5分とする。	**第404条**　利息を生ずべき債権について別段の意思表示がないときは、その利率は、その利息が生じた最初の時点における法定利率による。
（新設）	2　法定利率は、年3パーセントとする。
（新設）	3　前項の規定にかかわらず、法定利率は、法務省令で定めるところにより、3年を一期とし、一期ごとに、次項の規定により変動するものとする。
（新設）	4　各期における法定利率は、この項の規定により法定利率に変動があった期のうち直近のもの（以下この項において「直近変動期」という。）における基準割合と当期における基準割合との差に相当する割合（その割合に1パーセント未満の端数があるときは、これを切り捨てる。）を直近変動期における法定利率に加算し、又は減算した割合とする。

関連条文等	解説その他
	【第400条】 ① 特定物の引渡しについての善管注意義務の内容が、契約等の債権の発生原因と取引上の社会通念により定まることが明確にされた。 ② 任意規定なので、特約を定めることにより低減することもできる（たとえば、「自己の物にするのと同一の注意義務とする」など）。
【第404条】 　法定利率の規定は、中間利息の控除（改正法第417条の２）や、損害賠償などに影響する。	【第404条】 ① 現行民法が年５分であったのに対し、改正法では年３％とし、かつ、３年ごとに一定の算式により変動するものとされた（変動制）。 ② 特約により、別段の定めをすることが可能である（法定利率）。 　たとえば、「賃料の支払いを怠ったときの遅延利息を年14.6％とする」などの特約の定めである。

参考資料　127

現行民法	改正法
（新設）	5　前項に規定する「基準割合」とは、法務省令で定めるところにより、各期の初日の属する年の6年前の年の1月から前々年の12月までの各月における短期貸付けの平均利率（当該各月において銀行が新たに行った貸付け（貸付期間が1年未満のものに限る。）に係る利率の平均をいう。）の合計を60で除して計算した割合（その割合に0.1パーセント未満の端数があるときは、これを切り捨てる。）として法務大臣が告示するものをいう。
（履行期と履行遅滞）	**（履行期と履行遅滞）**
第412条　（略）	**第412条**　（略）
2　債務の履行について不確定期限があるときは、債務者は、その期限の到来したことを知った時から遅滞の責任を負う。	2　債務の履行について不確定期限があるときは、債務者は、その期限の到来した後に履行の請求を受けた時又はその期限の到来したことを知った時のいずれか早い時から遅滞の責任を負う。
3　（略）	3　（略）
（新設）	**（履行不能）**
	第412条の2　債務の履行が契約その他の債務の発生原因及び取引上の社会通念に照らして不能であるときは、債権者は、その債務の履行を請求することができない。
	2　契約に基づく債務の履行がその契約の成立の時に不能であったことは、第415条の規定によりその履行の不能によって生じた損害の賠償を

関連条文等	解説その他
	【第412条】 　改正法では、債務者が不確定期限の到来を知らないときでも、債権者から履行の請求（催告）を受けた時から遅滞の責任を負うこと（通説）が、明らかにされた。 **【第412条の2】** ① 履行不能の場合の規定が新設された。 ② 1項　履行不能の意義（契約等と取引上の社会通念から不能であるとき）と、効果（履行の請求ができないこと）が改正法で明記された。 ③ 2項　原始的不能（契約の締結時から債務の履行が確定的に不能なこ
〈改正法第415条〉 　債務者がその債務の本旨に従った履	

参考資料　129

現行民法	改正法
	請求することを妨げない。
（新設）	**（履行遅滞中又は受領遅滞中の履行不能と帰責事由）** **第413条の2**　債務者がその債務について遅滞の責任を負っている間に当事者双方の責めに帰することができない事由によってその債務の履行が不能となったときは、その履行の不能は、債務者の責めに帰すべき事由によるものとみなす。 2　債権者が債務の履行を受けることを拒み、又は受けることができない場合において、履行の提供があった

関連条文等	解説その他
行をしないとき又は債務の履行が不能であるときは、債権者は、これによって生じた損害の賠償を請求することができる。ただし、その債務の不履行が契約その他の債務の発生原因及び取引上の社会通念に照らして債務者の責めに帰することができない事由によるものであるときは、この限りでない。 2　前項の規定により損害賠償の請求をすることができる場合において、債権者は、次に掲げるときは、債務の履行に代わる損害賠償の請求をすることができる。 一　債務の履行が不能であるとき。 二　債務者がその債務の履行を拒絶する意思を明確に表示したとき。 三　債務が契約によって生じたものである場合において、その契約が解除され、又は債務の不履行による契約の解除権が発生したとき。	と）の場合について (a)　現行民法では、「契約は無効であるが、債権者は信頼利益（債権者が、契約が有効であると信じたために支出した費用）の賠償請求ができる」と解されていた。 (b)　改正法では、原始的不能の場合でも、契約は有効であり、債権者は同法第415条の規定により「履行利益（債務が履行されることにより受けることのできた利益）」の賠償請求ができることとされた。 【第413条の2】 ①　債務者が履行を遅滞しているときに履行不能になった場合において、履行不能となったのが当事者双方の責に帰すことができない事由によるものであるときは、その不能は債務者の責に帰すべき事由によるものとみなされることとなり、規定が新設された（みなし規定。第413条の2第1項）。すなわち、債権者は損害

参考資料　131

現行民法	改正法
	時以後に当事者双方の責めに帰することができない事由によってその債務の履行が不能となったときは、その履行の不能は、債権者の責めに帰すべき事由によるものとみなす。
（債務不履行による損害賠償） 第415条　債務者がその債務の本旨に従った履行をしないときは、債権者は、これによって生じた損害の賠償を請求することができる。債務者の責めに帰すべき事由によって履行をすることができなくなったときも、同様とする。	**（債務不履行による損害賠償）** 第415条　債務者がその債務の本旨に従った履行をしないとき又は債務の履行が不能であるときは、債権者は、これによって生じた損害の賠償を請求することができる。ただし、その債務の不履行が契約その他の債務の発生原因及び取引上の社会通念に照らして債務者の責めに帰することができない事由によるものであるときは、この限りでない。

関連条文等	解説その他
〈改正法第543条〉 　債務の不履行が債権者の責めに帰すべき事由によるものであるときは、債権者は、前二条の規定による契約の解除をすることができない。 〈改正法第536条〉 　当事者双方の責めに帰することができない事由によって債務を履行することができなくなったときは、債権者は、反対給付の履行を拒むことができる。 2　債権者の責めに帰すべき事由によって債務を履行することができなくなったときは、債権者は、反対給付の履行を拒むことができない。この場合において、債務者は、自己の債務を免れたことによって利益を得たときは、これを債権者に償還しなければならない。	賠償請求できる。 ②　受領遅滞中に履行不能になった場合に、それが当事者双方の責に帰することができない事由によるものであるときは、その不能は債権者の責に帰すべき事由によるものとみなされる（みなし規定。第413条の2第2項）。 　その結果、債権者は、契約の解除はできず（改正法第543条）、また、債務者の反対給付請求を拒めない（同法第536条2項）。
〈改正法第412条の2〉 　債務の履行が契約その他の債務の発生原因及び取引上の社会通念に照らして不能であるときは、債権者は、その	【第415条】 ①　現行民法では、前段（債務の本旨に従った履行をしないとき）と後段（履行不能）で分かれていた規定が、改正法では統合された。 ②　改正法では、免責事由の有無が、契約等と取引上の社会通念に照らして個別に判断されることとされた。すなわち、現行民法の「帰責事由＝過失」を意味しないこととなった。

参考資料　133

現行民法	改正法
（新設）	2　前項の規定により損害賠償の請求をすることができる場合において、債権者は、次に掲げるときは、債務の履行に代わる損害賠償の請求をすることができる。 一　債務の履行が不能であるとき。 二　債務者がその債務の履行を拒絶する意思を明確に表示したとき。 三　債務が契約によって生じたものである場合において、その契約が解除され、又は債務の不履行による契約の解除権が発生したとき。
（損害賠償の範囲） **第416条**　（略） 2　特別の事情によって生じた損害であっても、当事者がその事情を予見し、又は予見することができたときは、債権者は、その賠償を請求することができる。	**（損害賠償の範囲）** **第416条**　（略） 2　特別の事情によって生じた損害であっても、当事者がその事情を予見すべきであったときは、債権者は、その賠償を請求することができる。
第448条　保証人の負担が債務の目的又は態様において主たる債務より重いときは、これを主たる債務の限度に減縮する。	**第448条**　（略） 2　主たる債務の目的又は態様が保証契約の締結後に加重されたときであっても、保証人の負担は加重されない。

134

関連条文等	解説その他
債務の履行を請求することができない。 2　契約に基づく債務の履行がその契約の成立の時に不能であったことは、第415条の規定によりその履行の不能によって生じた損害の賠償を請求することを妨げない。 （契約の解除） 改正法第541条以下	【第416条】 ①　通常損害（第416条1項） 　　現行民法と改正法とで変更はない。 ②　特別損害（第416条2項） 　　「当事者がその事情を予見し、又は予見することができたとき」との条文を、「……予見すべきであったとき」と表現が修正されたが、内容的に変更はない。 【第448条2項】 ①　現行民法第448条の規定には、保証債務は、主たる債務に対して従たる債務なので、その目的・態様について主債務より重くなることはないこと、したがって、保証債務の目的・態様が主債務より重い場合は、保証債務は主債務の限度に減額されるということが（「保証債務の付従

参考資料　135

現行民法	改正法
第2目　貸金等根保証契約 （貸金等根保証契約の保証人の責任等） **第465条の2**　一定の範囲に属する不特定の債務を主たる債務とする保証契約（以下「根保証契約」という。）であってその債務の範囲に金銭の貸渡し又は手形の割引を受けることによって負担する債務（以下「貸金等債務」という。）が含まれるもの（保証人が法人であるものを除く。以下「貸金等根保証契約」という。）の保証人は、主たる債務の元本、主たる債務に関する利息、違約金、損害賠償その他その債務に従たるすべてのもの及びその保証債務について約定された違約金又は損害賠償の額	**第2目　個人根保証契約** （個人根保証契約の保証人の責任等） **第465条の2**　一定の範囲に属する不特定の債務を主たる債務とする保証契約（以下「根保証契約」という。）であって保証人が法人でないもの（以下「個人根保証契約」という。）の保証人は、主たる債務の元本、主たる債務に関する利息、違約金、損害賠償その他その債務に従たる全てのもの及びその保証債務について約定された違約金又は損害賠償の額について、その全部に係る極度額を限度として、その履行をする責任を負う。

関連条文等	解説その他
	性」）、記載されている。 ② 保証債務が成立した後に主債務の目的や態様が加重された場合についても、上記の「保証債務の付従性」から、保証債務の内容（目的・態様）が加重されることはないと解釈されていたが、今回の改正により、この点が明文化された。 ③ しかし、保証人は、賃貸借契約から生ずる賃借人の債務のいっさいを保証するので（「根保証」）、賃料や共益費等が増額された場合は、当然、増額された賃料等についても責任を負わなければならないので、注意を要する。
〈現行民法第446条2項〉 　保証契約は、書面でしなければ、その効力を生じない。	【第465条の2】 ① 個人の根保証契約については極度額を定めなければ効力を生じないものとされた（強行規定）。 ② したがって、建物の賃借人の保証人についても、建物賃貸借契約において極度額（例：200万〜300万円など）を定めなければならないこととなった。 ③ 定期借家契約の場合は、民法446条2項の規定と相まって、契約ごとに保証人の署名・押印をもらい、極度額を定めなければならなくなった。

参考資料　137

現行民法	改正法
について、その全部に係る極度額を限度として、その履行をする責任を負う。 2　貸金等根保証契約は、前項に規定する極度額を定めなければ、その効力を生じない。 3　第446条第2項及び第3項の規定は、貸金等根保証契約における第1項に規定する極度額の定めについて準用する。 （債権者の危険負担） **第534条**　特定物に関する物権の設定又は移転を双務契約の目的とした場合において、その物が債務者の責めに帰することができない事由によって滅失し、又は損傷したときは、その滅失又は損傷は、債権者の負担に帰する。 2　不特定物に関する契約については、第401条第2項の規定によりその物が確定した時から、前項の規定を適用する。 **（停止条件付双務契約における危険負担）** **第535条**　前条の規定は、停止条件付双務契約の目的物が条件の成否が未定である間に滅失した場合には、適用しない。 2　停止条件付双務契約の目的物が債務者の責めに帰することができない事由によって損傷したときは、その損傷は、債権者の負担に帰する。	2　個人根保証契約は、前項に規定する極度額を定めなければ、その効力を生じない。 3　第446条第2項及び第3項の規定は、個人根保証契約における第1項に規定する極度額の定めについて準用する。 **第534条及び第535条**　削除

関連条文等	解説その他
	【第534～536条】
	① 現行民法では、当事者双方の責に帰すことができない事由により債務を履行することができなくなったときは、債務者は反対給付を受ける権利を失うことが原則とされる（現行民法第536条、これを危険負担における「債務者主義」という）。
	ただし、特定物に関する物権の設定または移転を双務契約の目的とした場合に、債務者が反対給付を受ける権利を失わない、すなわち、その目的物の滅失等の危険は債権者の負担とされていた（現行民法534条1項。これを危険負担における「債権者主義」という）。
	② この結果、不動産などの特定物を売買の目的物とし、契約の締結後、引渡し前に地震などで建物が滅失したときは、その危険は引渡債務の債権者である買主負担とされ、買主の

参考資料　139

現行民法	改正法
3　停止条件付双務契約の目的物が債務者の責めに帰すべき事由によって損傷した場合において、条件が成就したときは、債権者は、その選択に従い、契約の履行の請求又は解除権の行使をすることができる。この場合においては、損害賠償の請求を妨げない。	
（債務者の危険負担等）	**（債務者の危険負担等）**
第536条　前二条に規定する場合を除き、当事者双方の責めに帰することができない事由によって債務を履行することができなくなったときは、債務者は、反対給付を受ける権利を有しない。	**第536条**　当事者双方の責めに帰することができない事由によって債務を履行することができなくなったときは、債権者は、反対給付の履行を拒むことができる。
2　債権者の責めに帰すべき事由によって債務を履行することができなくなったときは、債務者は、反対給付を受ける権利を失わない。この場合において、自己の債務を免れたことによって利益を得たときは、これを債権者に償還しなければならない。	2　債権者の責めに帰すべき事由によって債務を履行することができなくなったときは、債権者は、反対給付の履行を拒むことができない。この場合において、債務者は、自己の債務を免れたことによって利益を得たときは、これを債権者に償還しなければならない。

関連条文等	解説その他
	代金債務は失われないものとされていた（買主は代金を支払わなければならない。「債権者主義」）。 ③　しかし、買主は目的物である建物を取得できないのに、代金を支払わねばならないというのは公平ではなく、このような結論は不当なので、実務では、特約により不動産などの特定物の売買についても、債権者主義をとらず債務者主義をとることとしていた（買主は代金を支払わなくてよい）。 ④　このたびの民法改正により、 　(a)　特定物に関する危険負担につき債権者主義を定めた現行民法第534条と第535条を削除し、 　(b)　新たに第536条を設けた（債務者主義）。 ⑤　また、改正法では、 　(a)　現行民法の「債務の消滅（目的物の消滅により、債務は履行不能となるから）」という効果ではなく、債権者（買主）は、履行（代金の支払い）を拒むことができる（履行拒絶権）こととされた（改正法第536条1項）。
〈改正法第542条第1項〉 　次に掲げる場合には、債権者は、前条の催告をすることなく、直ちに契約の解除をすることができる。 　一　債務の全部の履行が不能であるとき。 （以下、略）	(b)　そこで、債権者（買主）が債務を消滅させ契約関係を解消したいと考えるときは、契約を解除すればよいこととなった（改正法第542条1項1号、履行不能の場合の解除権）。

参考資料　141

現行民法	改正法
第3款　契約の解除 （履行遅滞等による解除権） **第541条**　当事者の一方がその債務を履行しない場合において、相手方が相当の期間を定めてその履行の催告をし、その期間内に履行がないときは、相手方は、契約の解除をすることができる。	**第4款　契約の解除** （催告による解除） **第541条**　当事者の一方がその債務を履行しない場合において、相手方が相当の期間を定めてその履行の催告をし、その期間内に履行がないときは、相手方は、契約の解除をすることができる。ただし、その期間を経過した時における債務の不履行がその契約及び取引上の社会通念に照らして軽微であるときは、この限りでない。
（定期行為の履行遅滞による解除権） **第542条**　契約の性質又は当事者の意思表示により、特定の日時又は一定の期間内に履行をしなければ契約をした目的を達することができない場合において、当事者の一方が履行をしないでその時期を経過したときは、相手方は、前条の催告をすることなく、直ちにその契約の解除をすることができる。	**（催告によらない解除）** **第542条**　次に掲げる場合には、債権者は、前条の催告をすることなく、直ちに契約の解除をすることができる。 一　債務の全部の履行が不能であるとき。 二　債務者がその債務の全部の履行を拒絶する意思を明確に表示したとき。 三　債務の一部の履行が不能である場合又は債務者がその債務の一部の履行を拒絶する意思を明確に表示した場合において、残存する部分のみでは契約をした目的を達することができないとき。

関連条文等	解説その他
	【第541条】 ① 履行遅滞等の場合の催告したうえでの契約の解除について、現行民法の規定とほぼ同様の内容のものが改正法でも規定された（第541条本文）。 ② ただ、改正法ではただし書が追加され、債務の不履行が契約および取引上の通念に照らして軽微であるときは、契約の解除ができないこととされた（過去の判例法理の明文化）。 ③ さらに、債務者に帰責事由があることは解除の要件ではなくなった（現行民法第543条ただし書の削除）。 **【第542条・第543条】** ① 現行民法では、定期行為の履行遅滞の場合（第542条）と、履行不能の場合（第543条）について無催告解除を認めていた。 ② 改正法では、第542条に統合して無催告解除ができる場合が規定された。 ③ 現行民法第543条ただし書が削除され、債務者の帰責事由は解除の要件ではなくなった。 ④ 債務の一部の履行不能や一部の履行拒絶の場合に、無催告による契約の一部解除の規定が新設された（第543条2項）。

参考資料　143

現行民法	改正法
	四　契約の性質又は当事者の意思表示により、特定の日時又は一定の期間内に履行をしなければ契約をした目的を達することができない場合において、債務者が履行をしないでその時期を経過したとき。
	五　前各号に掲げる場合のほか、債務者がその債務の履行をせず、債権者が前条の催告をしても契約をした目的を達するのに足りる履行がされる見込みがないことが明らかであるとき。
	2　次に掲げる場合には、債権者は、前条の催告をすることなく、直ちに契約の一部の解除をすることができる。
	一　債務の一部の履行が不能であるとき。
	二　債務者がその債務の一部の履行を拒絶する意思を明確に表示したとき。
（履行不能による解除権）	（債権者の責めに帰すべき事由による場合）
第543条　履行の全部又は一部が不能となったときは、債権者は、契約の解除をすることができる。ただし、その債務の不履行が債務者の責めに帰することができない事由によるものであるときは、この限りでない。	第543条　債務の不履行が債権者の責めに帰すべき事由によるものであるときは、債権者は、前二条の規定による契約の解除をすることができない。
（他人の権利の売買における善意の売主の解除権）	（買主の追完請求権）
第562条　売主が契約の時においてそ	第562条　引き渡された目的物が種

144

関連条文等	解説その他

【第562条〜570条】

現行民法	改正法
の売却した権利が自己に属しないことを知らなかった場合において、その権利を取得して買主に移転することができないときは、売主は、損害を賠償して、契約の解除をすることができる。 2　前項の場合において、買主が契約の時においてその買い受けた権利が売主に属しないことを知っていたときは、売主は、買主に対し、単にその売却した権利を移転することができない旨を通知して、契約の解除をすることができる。	類、品質又は数量に関して契約の内容に適合しないものであるときは、買主は、売主に対し、目的物の修補、代替物の引渡し又は不足分の引渡しによる履行の追完を請求することができる。ただし、売主は、買主に不相当な負担を課するものでないときは、買主が請求した方法と異なる方法による履行の追完をすることができる。 2　前項の不適合が買主の責めに帰すべき事由によるものであるときは、買主は、同項の規定による履行の追完の請求をすることができない。

関連条文等	解説その他
	① 第562条から第570条までは、新しい規定に変更された。
	② 現行民法
	古民家などの特定物の売買の場合、契約の成立前から、目的物が通常備えるべき品質や性能を欠いていても、その目的物を引き渡した時点で完全に債務は履行したことになり、引渡し後に欠陥が見つかっても債務不履行にはならないとの考え方（特定物ドグマ）をとっていた。
	このため、引渡し後に目的物に欠陥などの「隠れた瑕疵」が見つかった場合も、契約上の債務は履行済みなので債務不履行にはならないため、追完請求はできない。しかし、それでは買主の保護に欠けるため、買主に特別の損害賠償請求権または契約解除請求権を認めていた（売主は特別の法律で定められた責任を負う。法定責任説）。
	③ 改 正 法
	引渡し後に見つかった欠陥は、債務の履行として「契約の内容に適合するか否か」が問題とされ、契約内容に適合しないときは、「債務不履行」となることとされた（契約不適合責任。契約責任説）。
	したがって、買主は、新たに修補請求などの「履行の追完」を求めることができるようになった（売主の追完義務）。

参考資料　147

現行民法	改正法
（権利の一部が他人に属する場合における売主の担保責任）	（買主の代金減額請求権）
第563条　売買の目的である権利の一部が他人に属することにより、売主がこれを買主に移転することができないときは、買主は、その不足する部分の割合に応じて代金の減額を請求することができる。 2　前項の場合において、残存する部分のみであれば買主がこれを買い受けなかったときは、善意の買主は、契約の解除をすることができる。 3　代金減額の請求又は契約の解除は、善意の買主が損害賠償の請求をすることを妨げない。	第563条　前条第１項本文に規定する場合において、買主が相当の期間を定めて履行の追完の催告をし、その期間内に履行の追完がないときは、買主は、その不適合の程度に応じて代金の減額を請求することができる。 2　前項の規定にかかわらず、次に掲げる場合には、買主は、同項の催告をすることなく、直ちに代金の減額を請求することができる。 一　履行の追完が不能であるとき。 二　売主が履行の追完を拒絶する意思を明確に表示したとき。 三　契約の性質又は当事者の意思表示により、特定の日時又は一定の

関連条文等	解説その他
	【第562条】 ① 特定物か不特定物かを問わず、買主の追完請求権を認めている（契約責任説）。 ② 追完の方法については、第一に買主に選択権がある（改正法第562条1項本文）。 ③ しかし、買主に「不相当な負担」を課さない場合であれば、売主は、別の方法で追完することができる（改正法第562条1項ただし書）。 ④ 契約不適合が「買主の責に帰すべき事由」によるものであるときは、買主の追完請求権が認められない（改正法第562条2項）。 【第563条】 ① 目的物が、種類、品質、または数量の点で契約不適合の場合には、買主が一定の期間を定めて催告し、その期間内に追完がないときは、買主は不適合の程度に応じて代金減額の請求ができる（改正法第563条1項）。 ② 履行の追完が不能等であるときは、催告しても意味がないので、買主は無催告で代金減額を請求することができる（改正法第563条2項）。 ③ 買主に帰責事由があるときは、不公平になるので、買主は代金減額を請求できない（改正法第563条3項）。

参考資料　149

現行民法	改正法
	期間内に履行をしなければ契約をした目的を達することができない場合において、売主が履行の追完をしないでその時期を経過したとき。
	四　前三号に掲げる場合のほか、買主が前項の催告をしても履行の追完を受ける見込みがないことが明らかであるとき。
	3　第1項の不適合が買主の責めに帰すべき事由によるものであるときは、買主は、前二項の規定による代金の減額の請求をすることができない。
	（買主の損害賠償請求及び解除権の行使）
第564条　前条の規定による権利は、買主が善意であったときは事実を知った時から、悪意であったときは契約の時から、それぞれ1年以内に行使しなければならない。	**第564条**　前二条の規定は、第415条の規定による損害賠償の請求並びに第541条及び第542条の規定による解除権の行使を妨げない。
（数量の不足又は物の一部減失の場合における売主の担保責任）	**（移転した権利が契約の内容に適合しない場合における売主の担保責任）**
第565条　前二条の規定は、数量を指示して売買をした物に不足がある場合又は物の一部が契約の時に既に減失していた場合において、買主がその不足又は減失を知らなかったときについて準用する。	**第565条**　前三条の規定は、売主が買主に移転した権利が契約の内容に適合しないものである場合（権利の一部が他人に属する場合においてその権利の一部を移転しないときを含む。）について準用する。

関連条文等	解説その他
	【第564条】 　売主の引き渡した物が、種類、品質又は数量の点で契約不適合であるときは、買主は、追完請求だけでなく、さらに損害賠償請求、解除の請求もできることが明記された。 **【第565条】** ①　売買の目的が権利の場合も、契約不適合があれば債務不履行となる。 ②　権利の一部が他人に属する場合も含むが、「権利の全部が他人に属する場合」は、債務不履行の一般法理による。

現行民法	改正法
（地上権等がある場合等における売主の担保責任） 第566条　売買の目的物が地上権、永小作権、地役権、留置権又は質権の目的である場合において、買主がこれを知らず、かつ、そのために契約をした目的を達することができないときは、買主は、契約の解除をすることができる。この場合において、契約の解除をすることができないときは、損害賠償の請求のみをすることができる。 2　前項の規定は、売買の目的である不動産のために存すると称した地役権が存しなかった場合及びその不動産について登記をした賃貸借があった場合について準用する。 3　前二項の場合において、契約の解除又は損害賠償の請求は、買主が事実を知った時から1年以内にしなければならない。	（目的物の種類又は品質に関する担保責任の期間の制限） 第566条　売主が種類又は品質に関して契約の内容に適合しない目的物を買主に引き渡した場合において、買主がその不適合を知った時から1年以内にその旨を売主に通知しないときは、買主は、その不適合を理由として、履行の追完の請求、代金の減額の請求、損害賠償の請求及び契約の解除をすることができない。ただし、売主が引渡しの時にその不適合を知り、又は重大な過失によって知らなかったときは、この限りでない。
（抵当権等がある場合における売主の担保責任） 第567条　売買の目的である不動産について存した先取特権又は抵当権の行使により買主がその所有権を失ったときは、買主は、契約の解除をすることができる。	（目的物の滅失等についての危険の移転） 第567条　売主が買主に目的物（売買の目的として特定したものに限る。以下この条において同じ。）を引き渡した場合において、その引渡しがあった時以後にその目的物が当事者

関連条文等	解説その他
	【第566条】
	① 現行民法
	いくつかの担保責任の規定で１年の除斥期間が設けられている。
	② 改 正 法
【改正法第166条１項】	(a) 買主が不適合を「知った時から」１年以内にその旨を売主に対して「通知」しないときは、権利を失う（失権）。
第166条　債権は、次に掲げる場合には、時効によって消滅する。	(b) ただし、失権の規定は売主保護のためだから、売主の悪意・重過失がある場合は、例外となる。
一　債権者が権利を行使することができることを知った時から５年間行使しないとき。	(c) 種類または品質に限られていることに注意を要する。
二　権利を行使することができる時から10年間行使しないとき。	数量が契約不適合の場合には、第566条に含まれず、消滅時効の一般規定で判断される。
２・３　（略）	すなわち、買主が、契約不適合を知った時（主観的起算点）から５年間で、権利を行使することができる時（客観的起算点）から10年間で消滅時効にかかる（改正法第166条１項）。
	【第567条】
	① １項　危険負担の問題（特定物売買）。
	(a) 売買の目的物が引き渡された後に「当事者双方の責めに帰するこ

参考資料　153

現行民法	改正法
	双方の責めに帰することができない事由によって減失し、又は損傷したときは、買主は、その減失又は損傷を理由として、履行の追完の請求、代金の減額の請求、損害賠償の請求及び契約の解除をすることができない。この場合において、買主は、代金の支払を拒むことができない。
2 買主は、費用を支出してその所有権を保存したときは、売主に対し、その費用の償還を請求することができる。 3 前二項の場合において、買主は、損害を受けたときは、その賠償を請求することができる。	2 売主が契約の内容に適合する目的物をもって、その引渡しの債務の履行を提供したにもかかわらず、買主がその履行を受けることを拒み、又は受けることができない場合において、その履行の提供があった時以後に当事者双方の責めに帰することができない事由によってその目的物が減失し、又は損傷したときも、前項と同様とする。
(強制競売における担保責任) 第568条 強制競売における買受人は、第561条から前条までの規定により、債務者に対し、契約の解除をし、又は代金の減額を請求することができる。	**(競売における担保責任等)** 第568条 民事執行法その他の法律の規定に基づく競売(以下この条において単に「競売」という。)における買受人は、第541条及び第542条の規定並びに第563条(第565条において準用する場合を含む。)の規定により、債務者に対し、契約の解除をし、又は代金の減額を請求することができる。
2・3 (略) (新設)	2・3 (略) 4 前三項の規定は、競売の目的物の種類又は品質に関する不適合については、適用しない。

関連条文等	解説その他
	とができない事由によって滅失・損傷」した場合、買主は以上の権利主張をできないし、代金の支払を拒絶することもできない（危険は買主に移転している）。
	(b)　売主の責めに帰すべき事由がある場合には、買主が権利主張をすることができる。
	(c)　種類物の場合は、適合性がないときには「特定」がないので、第567条1項の適用はなく、債務不履行の問題として処理される。
	②　2項　買主が受領遅滞をしている場合の規定。
	これに対して1項は引き渡した（受領した）場合。
	【第568条】
	①　現行民法
	「強制競売」の場合に、買受人は、債務者に対して、契約の解除、または代金の減額を請求することができる（第568条1項）。
	②　改　正　法
	(a)　第568条1項
	（i）　強制競売を競売一般に拡大した。
	（ii）　競売の目的物に数量不足や移転した権利に不適合がある場合は、買受人は債務者に対し、契

参考資料　155

現行民法	改正法
（売主の瑕疵担保責任） **第570条**　売買の目的物に隠れた瑕疵があったときは、第566条の規定を準用する。ただし、強制競売の場合は、この限りでない。	（抵当権等がある場合の買主による費用の償還請求） **第570条**　買い受けた不動産について契約の内容に適合しない先取特権、質権又は抵当権が存していた場合において、買主が費用を支出してその不動産の所有権を保存したときは、買主は、売主に対し、その費用の償還を請求することができる。

関連条文等	解説その他
	約の解除（改正法第541条、催告による解除。同法第542条、催告によらない解除）または、代金減額請求（改正法第563条）ができる。 (iii)　競売においては、債務者による「履行の追完」はありえないので、改正法第562条は競売には適用されない。 (b)　第568条 2 項・3 項 　　買受人の代金返還請求権などについては、改正なし。 (c)　第568条 4 項（変更） (i)　競売の目的物の種類または品質に関する不適合については、第568条 1 項〜 3 項の規定は適用されない。 　　したがって、債務者または債権者は責任を負わない。 (ii)　現行民法第570条ただし書の規定が実質的に維持された。 【第570条】 ①　現行民法の第570条の瑕疵担保の規定は、改正法の第562条から第570条の規定（債務不履行）に変更された。 ②　改正法の第570条は、買い受けた不動産に抵当権等が存在していた場合の買主による費用の償還請求の規定とされた。

参考資料　157

現行民法	改正法
第3款　買戻し （買戻しの特約） 第579条　不動産の売主は、売買契約と同時にした買戻しの特約により、買主が支払った代金及び契約の費用を返還して、売買の解除をすることができる。この場合において、当事者が別段の意思を表示しなかったときは、不動産の果実と代金の利息とは相殺したものとみなす。	第3款　買戻し （買戻しの特約） 第579条　不動産の売主は、売買契約と同時にした買戻しの特約により、買主が支払った代金（別段の合意をした場合にあっては、その合意により定めた金額。第583条第1項において同じ。）及び契約の費用を返還して、売買の解除をすることができる。この場合において、当事者が別段の意思を表示しなかったときは、不動産の果実と代金の利息とは相殺したものとみなす。
（賃貸借の存続期間） 第604条　賃貸借の存続期間は、20年を超えることができない。契約でこれより長い期間を定めたときであっても、その期間は、20年とする。 2　賃貸借の存続期間は、更新することができる。ただし、その期間は、更新の時から20年を超えることができない。	（賃貸借の存続期間） 第604条　賃貸借の存続期間は、50年を超えることができない。契約でこれより長い期間を定めたときであっても、その期間は、50年とする。 2　賃貸借の存続期間は、更新することができる。ただし、その期間は、更新の時から50年を超えることができない。

関連条文等	解説その他
	【第579条】 ① 現行民法では、買主は、支払った代金および契約の費用を返還して元の売買契約を解除することができることとされていた（第579条）。また、この規定は強行規定であると解釈されていたので、当事者間で買戻しの特約として元の売買代金額と異なる合意をしても無効とされていた。 ② 改正法では、若干の修正がなされ、カッコ書が加わった。これにより、売主と買主の両者の合意があれば、合意で定めた金額で買い戻すことができることとなった。すなわち、第579条は任意規定とされた。
【第604条】 ① 借地借家法第3条 　借地権の存続期間は、30年とする。ただし、契約でこれより長い期間を定めたときは、その期間とする。 ② 借地借家法第23条 　専ら事業の用に供する建物（居住の用に供するものを除く。次項において同じ。）の所有を目的とし、かつ、存続期間を30年以上50年未満として借地権を設定する場合においては、第9条及び第16条の規定にかか	【第604条】 ① 現行民法で、賃貸借の期間は20年を超えることができないものとされていたが、改正法では50年に伸長された。 ② 借地借家法では、建物を所有する目的での土地の賃貸借（借地権）や、建物賃貸借（借家権）については、期間の上限はないこととされている。 ③ 今回の改正により、たとえば土地を長期間借りてソーラーパネルを設置することなどが可能となった。

参考資料　159

現行民法	改正法
（新設）	**（不動産の賃貸人たる地位の移転）** 第605条の2　前条、借地借家法（平成3年法律第90号）第10条又は第31条その他の法令の規定による賃貸借の対抗要件を備えた場合において、その不動産が譲渡されたときは、その不動産の賃貸人たる地位は、その譲受人に移転する。 2　前項の規定にかかわらず、不動産の譲渡人及び譲受人が、賃貸人たる地位を譲渡人に留保する旨及びその不動産を譲受人が譲渡人に賃貸する旨の合意をしたときは、賃貸人たる地位は、譲受人に移転しない。この場合において、譲渡人と譲受人又はその承継人との間の賃貸借が終了したときは、譲渡人に留保されていた

関連条文等	解説その他
わらず、契約の更新及び建物の築造による存続期間の延長がなく、並びに第13条の規定による買取りの請求をしないこととする旨を定めることができる。 2　専ら事業の用に供する建物の所有を目的とし、かつ、存続期間を10年以上30年未満として借地権を設定する場合には、第3条から第8条まで、第13条及び第18条の規定は、適用しない。 ③　借地借家法第29条2項 　民法（明治29年法律第89号）第604条の規定は、建物の賃貸借については、適用しない。	
【借地借家法第31条1項】 　建物の賃貸借は、その登記がなくても、建物の引渡しがあったときは、その後その建物について物権を取得した者に対し、その効力を生ずる。	【第605条の2】 ①　現行民法には、規定はないが、以下の判例法理が形成されていた。 ②　対抗要件を備えた賃借人は、その不動産が譲渡された場合に、譲受人に対して賃借権を主張（対抗）できる（借地借家法第31条1項）。その結果、不動産の賃貸人の地位も、譲渡人から譲受人に当然承継される（大判大正10年5月30日）。 　　上記の判例法理（賃貸人の地位の当然承継）が明文化された（第605条の2第1項）。 ③　「賃貸人の地位」を譲渡人に留保しつつ、不動産の所有権を譲受人に移転する場合、譲渡人と譲受人の合

参考資料　161

現行民法	改正法
	賃貸人たる地位は、譲受人又はその承継人に移転する。
	3　第1項又は前項後段の規定による賃貸人たる地位の移転は、賃貸物である不動産について所有権の移転の登記をしなければ、賃借人に対抗することができない。
	4　第1項又は第2項後段の規定により賃貸人たる地位が譲受人又はその承継人に移転したときは、第608条の規定による費用の償還に係る債務及び第622条の2第1項の規定による同項に規定する敷金の返還に係る債務は、譲受人又はその承継人が承継する。

関連条文等	解説その他
	意だけでは留保できず、賃借人の保護のために、その同意が必要とされていた（最判平成11年3月25日）。
	改正法（第605条の2第2項）では、(a)不動産の譲渡人と譲受人が「賃貸人たる地位」を譲渡人に留保する旨の合意をし、かつ、その不動産を譲受人が譲渡人に賃貸する旨の合意をしたときは、賃貸人たる地位は譲渡人に留保され、譲受人に移転しないこととされた（同項前段）。(b)この場合において、譲渡人と譲受人との間の賃貸借が終了したときは、譲渡人に留保されていた賃貸人たる地位は、譲受人に移転することとされた（同項後段）。
	すなわち、賃貸人たる地位を留保する場合、譲渡人と譲受人との間の賃貸借が終了しても、賃借人は、譲受人からの所有権に基づく明渡請求等に応じる必要がなく、したがって、賃借人の保護に欠けないので、賃借人の同意は不要とされた。
	④　上記のような賃貸人の地位の移転（当然承継）を、譲受人が賃借人に対抗（主張）するためには、譲渡人から譲受人に対して所有権移転登記をする必要がある（最判昭和49年3月19日）。
	上記の判例法理（賃貸人の地位の移転を対抗するには登記が必要）が明文化された（第605条の2第3

参考資料　163

現行民法	改正法
（新設）	（不動産の賃借人による妨害の停止の請求など） **第605条の4** 　不動産の賃借人は、第605条の２第１項に規定する対抗要件を備えた場合において、次の各号に掲げるときは、それぞれ当該各号に定める請求をすることができる。 　一　その不動産の占有を第三者が妨害しているとき　その第三者に対する妨害の停止の請求 　二　その不動産を第三者が占有しているとき　その第三者に対する返還の請求
（賃貸物の修繕等） **第606条**　賃貸人は、賃貸物の使用及び収益に必要な修繕をする義務を負う。 ２　賃貸人が賃貸物の保存に必要な行為をしようとするときは、賃借人は、これを拒むことができない。	**（賃貸人による修繕等）** **第606条** 　賃貸人は、賃貸物の使用及び収益に必要な修繕をする義務を負う。ただし、賃借人の責めに帰すべき事由によってその修繕が必要となったときは、この限りでない。

関連条文等	解説その他
	項）。
	⑤ 「賃貸人の地位」が、譲受人に移転したときは、賃貸人の敷金返還債務等も譲受人に承継される（敷金につき、最判昭和44年7月17日。必要費・有益費の費用償還債務につき、最判昭和46年2月19日）。
	上記の判例法理（賃貸人の地位の移転に伴う敷金返還債務等の承継）が明文化された（第605条の2第4項）。
	【第605条の4】
	対抗要件を備えた不動産賃貸借においては、賃借人は賃借権に基づく妨害排除請求権および返還請求権を有するとの判例法理（最判昭和30年4月5日）が明文化された。
	【第606条ただし書】
	賃借人に帰責事由がある場合は、賃貸人に修繕義務のないことが明記された。

参考資料　165

現行民法	改正法
（新設）	**（賃借人による修繕）** **第607条の2** 賃借物の修繕が必要である場合において、次に掲げるときは、賃借人は、その修繕をすることができる。 一 賃借人が賃貸人に修繕が必要である旨を通知し、又は賃貸人がその旨を知ったにもかかわらず、賃貸人が相当の期間内に必要な修繕をしないとき。 二 急迫の事情があるとき。
（賃借物の一部滅失による賃料の減額請求等） **第611条** 賃借物の一部が賃借人の過失によらないで滅失したときは、賃借人は、その滅失した部分の割合に応じて、賃料の減額を請求することができる。	**（賃借物の一部滅失等による賃料の減額等）** **第611条** 賃借物の一部が滅失その他の事由により使用及び収益をすることができなくなった場合において、それが賃借人の責めに帰することができない事由によるものであるときは、賃料は、その使用及び収益をすることができなくなった部分の割合に応じて、減額される。
2 前項の場合において、残存する部分のみでは賃借人が賃借をした目的を達することができないときは、賃借人は、契約の解除をすることができる。	2 賃借物の一部が滅失その他の事由により使用及び収益をすることができなくなった場合において、残存する部分のみでは賃借人が賃借をした目的を達することができないときは、賃借人は、契約の解除をすること

関連条文等	解説その他
	【第607条の2】 ① 現行民法には賃貸人の修繕義務の規定はあるが（現行民法第606条）、賃借人の修繕についての規定はなかった。 ② 改正法第607条の2で、賃借人の修繕権が、要件とともに新設された。 ③ 実務上は、(a)修繕の必要性の有無や、(b)修繕が必要な範囲等について争いの生ずる余地がある。 ④ したがって、修繕についての特約を定めることが考えられる（例：「賃借人が行えるのは小修繕に限る」など）。 【第611条】 ① 現行民法は、賃借物の一部が、(a)滅失したときは、(b)賃料の減額を請求できるとの規定であった。 ② 改正法は、(a)「滅失」に限らず、「滅失その他の事由」により使用収益ができなくなった場合とされ、かつ、(b)当然に減額されることとなった。 ③ その結果、どの範囲が使用収益できなくなったのか等について争いの生ずる可能性がある。

参考資料　167

現行民法	改正法
（新設）	とができる。 （賃借物の全部滅失等による賃貸借の終了） **第616条の2** 　賃借物の全部が滅失その他の事由により使用及び収益をすることができなくなった場合には、賃貸借は、これによって終了する。
（損害賠償及び費用の償還の請求権についての期間の制限） **第621条**　第600条の規定は、賃貸借について準用する。	**（賃借人の原状回復義務）** **第621条**　賃借人は、賃借物を受け取った後にこれに生じた損傷（通常の使用及び収益によって生じた賃借物の損耗並びに賃借物の経年変化を除く。以下この条において同じ。）がある場合において、賃貸借が終了したときは、その損傷を原状に復する義務を負う。ただし、その損傷が賃借人の責めに帰することができない事由によるものであるときは、この限りでない。
（新設） （新設）	**第4款　敷金** **第622条の2**　賃貸人は、敷金（いかなる名目によるかを問わず、賃料債務その他の賃貸借に基づいて生ずる賃借人の賃貸人に対する金銭の給付

関連条文等	解説その他
	【第616条の2】 　賃借物が全部滅失した場合は賃貸借契約が終了するとの判例法理（最判昭和32年12月3日、最判昭和42年6月22日）が明記された。
〈現行民法第616条〉 　第594条第1項、第597条第1項及び第598条の規定は、賃貸借について準用する。 〈現行民法第598条〉 　借主は、借用物を原状に復して、これに附属させた物を収去することができる。	**【第621条】** ①　現行民法第621条とはまったく内容の異なる規定が置かれた。 ②　現行民法の賃借人の収去権の規定が、今回の改正で賃借人の収去義務と明記された（従来の解釈どおり）。 ③　賃借人の原状回復義務については、通常損耗や経年変化は含まれない（＝賃貸人の負担である）ことが明記された（最判平成17年12月16日の趣旨）。 ④　ただし、通常損耗や経年変化によるものについても、賃借人の負担とすることが特約により明確に合意されている場合は、その特約に従うことになる（上記最判平成17年12月16日）。 **【第622条の2】** ①　現行民法では、敷金の意義や発生時期等についての明確な規定はない。

参考資料　169

現行民法	改正法
	を目的とする債務を担保する目的で、賃借人が賃貸人に交付する金銭をいう。以下この条において同じ。）を受け取っている場合において、次に掲げるときは、賃借人に対し、その受け取った敷金の額から賃貸借に基づいて生じた賃借人の賃貸人に対する金銭の給付を目的とする債務の額を控除した残額を返還しなければならない。 一　賃貸借が終了し、かつ、賃貸物の返還を受けたとき。 二　賃借人が適法に賃借権を譲り渡したとき。 2　賃貸人は、賃借人が賃貸借に基づいて生じた金銭の給付を目的とする債務を履行しないときは、敷金をその債務の弁済に充てることができる。この場合において、賃借人は、賃貸人に対し、敷金をその債務の弁済に充てることを請求することができない。

関連条文等	解説その他
	②　改正法では、従来からの考え方や判例法理を明文化した（例：最判昭和48年2月2日）。 ③　したがって、実務の運用において大きな変化はない。

参考文献

内田貴『民法改正——契約のルールが百年ぶりに変わる』筑摩書房、平成23年

内田貴『民法改正のいま　中間試案ガイド』商事法務、平成25年

野村豊弘監修／虎ノ門南法律事務所編著『民法改正で変わる！　契約実務チェックポイント』日本加除出版、平成29年

安達敏男・吉川樹士・安重洋介・濱田卓『実務への影響まるわかり！　徹底解説　民法改正〈債権関係〉』日本加除出版、平成28年

潮見佳男『民法（債権関係）改正法の概要』金融財政事情研究会、平成29年

谷口知平・五十嵐清編『新版注釈民法⒀　債権⑷』有斐閣、平成8年

柚木馨・高木多喜男編『新版注釈民法⒁　債権⑸』有斐閣、平成5年

幾代通・広中俊雄編『新版注釈民法⒂　債権⑹　増補版』有斐閣、平成8年

田山輝明・澤野順彦・野澤正充編『別冊法学セミナーNo.230　新基本法コンメンタール　借地借家法』日本評論社、平成26年

遠藤浩編『別冊法学セミナーNo.186　基本法コンメンタール〔第4版〕新条文対照補訂版　債権各論I契約』日本評論社、平成17年

伊藤秀城『実務裁判例　借地借家契約における原状回復義務』日本加除出版、平成28年

民法（債権法）改正検討委員会編「債権法改正の基本方針」『別冊NBL／No.126』商事法務、平成21年

兵庫県弁護士会・民法改正検討プロジェクトチーム編集『新旧対照逐条解説　民法（債権関係）改正法案』新日本法規、平成27年

深沢綜合法律事務所編著／柴田龍太郎編集責任『Q＆A　要綱に基づく民法（債権法）改正が不動産取引に与える影響』大成出版社、平成27年

民法（債権法）改正検討委員会編『詳解・債権法改正の基本方針IV——各種の契約⑴』商事法務、平成22年

第一東京弁護士会・司法制度調査委員会編集『新旧対照でわかる　改正債権法の逐条解説』新日本法規、平成29年

■著者略歴

吉田修平法律事務所代表

吉田　修平（よしだ・しゅうへい）

昭和27年6月生まれ。

昭和52年3月早稲田大学法学部卒業。昭和57年4月弁護士登録、第一東京弁護士会入会。

昭和61年4月吉田修平法律事務所開設。

平成6年4月東京家庭裁判所調停委員。

平成17年4月神奈川大学法科大学院講師。

平成19年12月政策研究大学院大学客員教授（現在、特別講師）。

［所属・活動］

第一東京弁護士会所属、公益社団法人日本不動産学会（理事）、公益社団法人都市住宅学会、資産評価政策学会（理事）、一般社団法人日本相続学会（副会長・理事）、法と経済学会（理事）、NPO法人首都圏定期借地借家権推進機構（副理事長）、ビジネス会計人クラブ（監事）、都市的土地利用研究会。

［主な著書］

『2016年改正　新しいマンション標準管理規約』（共著／有斐閣／平成29年）、『新基本法コンメンタール　借地借家法』（共著／日本評論社／平成26年）、『KINZAIバリュー叢書　最近の不動産の話』（吉田修平法律事務所著／金融財政事情研究会／平成25年）、『不動産相続の法律実務』（学陽書房／平成25年）、『実務解説　借地借家法［改訂版］』（共著／青林書院／平成25年）、『事例研究民事法　第2版』（共著／日本評論社／平成25年）、『不動産賃貸借の課題と展望』（共著／商事法務／平成24年）、『Q&A震災と建物賃貸借』『Q&Aサービス付き高齢者向け住宅のすべて』（ともに吉田修平法律事務所編著／金融財政事情研究会／平成23年）、『不動産取引相談ハンドブック』（金融財政事情研究会／平成23年）、『実務解説　借地借家法』（共著／青林書院／平成20年）、『中間省略登記の代替手段と不動産取引』（共同編集／住宅新報社／平成19年）、『実務注釈定期借家法』（共同編集／信山社／平成12年）。ほかに共著、共同編集、論説など多数。

民法改正と不動産取引

2017年12月 7 日　第 1 刷発行
2020年 6 月11日　第 4 刷発行

著　者　吉　田　修　平
発行者　加　藤　一　浩
印刷所　三松堂印刷株式会社

〒160-8520　東京都新宿区南元町19
発　行　所　一般社団法人　金融財政事情研究会
企画・制作・販売　株式会社きんざい
出　版　部　TEL 03(3355)2251　FAX 03(3357)7416
販売受付　TEL 03(3358)2891　FAX 03(3358)0037
URL https://www.kinzai.jp/

・本書の内容の一部あるいは全部を無断で複写・複製・転訳載すること、および
　磁気または光記録媒体、コンピュータネットワーク上等へ入力することは、法
　律で認められた場合を除き、著作者および出版社の権利の侵害となります。
・落丁・乱丁本はお取替えいたします。定価はカバーに表示してあります。

ISBN978-4-322-13224-3